基督教文化研究丛书

主编 何光沪 高师宁

三编 第 **6** 册

宗教自由的界定性研究

段知壮 著

花木兰文化事业有限公司

国家图书馆出版品预行编目资料

宗教自由的界定性研究／段知壮 著 -- 初版 -- 新北市：花木
兰文化事业有限公司，2017〔民106〕
目 2+156 面；19×26 公分
（基督教文化研究丛书　三编　第 6 册）
ISBN 978-986-485-131-7（精装）
1. 宗教自由
240.8　　　　　　　　　　　　　　　　　　106013527

ISBN-978-986-485-131-7

9 789864 851317

基督教文化研究丛书
三编　第六册

ISBN：978-986-485-131-7

宗教自由的界定性研究

作　　者 段知壮
主　　编 何光沪 高师宁
执行主编 张　欣
企　　划 北京师范大学基督教文艺研究中心
总 编 辑 杜洁祥
副总编辑 杨嘉乐
编　　辑 许郁翎、王筑　美术编辑 陈逸婷
出　　版 花木兰文化事业有限公司
社　　长 高小娟
联络地址 台湾 235 新北市中和区中安街七二号十三楼
　　　　 电话：02-2923-1455 ／ 传真：02-2923-1452
网　　址 http://www.huamulan.tw 信箱 hml810518@gmail.com
印　　刷 普罗文化出版广告事业
初　　版 2017 年 9 月
全书字数 150807 字
定　　价 三编 6 册（精装）台币 11,000 元

宗教自由的界定性研究

段知壮　著

作者简介

段知壮，男，汉族，1988 年生，吉林四平人，现任职于浙江师范大学行知学院。先后于哈尔滨商业大学获法学学士学位、哈尔滨师范大学获文学学士学位（第二学位）、中国政法大学获法学硕士学位、南开大学获法学博士学位。目前为日本爱知大学中国研究科博士候选人。曾在《爱知论丛》（日本）、《亚洲研究》（韩国）、《玄奘法律评论》（台湾）、《法治与宗教》等刊物发表论文二十余篇，并参加重大古籍整理项目《中华大典·法律典·民法分典》的编撰工作。

提　　要

宗教自由是公民的一项基本权利，但如何从法律的角度定义宗教、何为宗教自由概念的内涵与外延、国家对宗教事务管理的界限以及当公民或团体的宗教行为与其他社会行为发生竞合时应当如何处理等问题，无论在理论研究还是法律实践当中都还存有着较大的争议。因此，想要更好地保障公民或宗教组织的相关权利，就必须先对宗教自由进行界定性的分析。

本文主要从四个方面对宗教自由的相关问题进行系统梳理。首先，法律意义上的宗教应当以一种最为广泛的方式进行定义，国家不可以也不应当对宗教进行人为的层级划分，所有的宗教在法律面前均平等地享有权利履行义务。宗教自由又可分为绝对的宗教信仰自由与相对的宗教行为自由，宗教行为与其他社会行为一样受制于法律。其次，政教分离及国家中立原则是宗教自由得以实现的前提，宗教的价值体系与政治、法律的价值体系之间存在着一定的差异，政权与教权的过度勾连会导致双方之间的倾轧，从而不利于实现各宗教的平等。再次，除了个人宗教行为，宗教组织也是宗教自由的保护对象，宗教组织有权利按照其自身的理念设立确定更适合其发展的主体地位，这种主体地位与其他社会组织之间并不存在优劣之分。最后，无论是宗教行为还是宗教事务的管理，都始终会与世俗世界存在着这样或那样的竞合，政教之间的分离并不会消除社会经济生活中的宗教参与，宗教信仰者或宗教组织不应因其宗教性导致与其他社会主体存有差异性的特权赋予或义务缩限。

归根结底，宗教自由乃是一种防御性的消极自由，即宗教主体并不因其宗教性而丧失其他社会主体所能够拥有的一般性权利之资格，与此同时也不因其宗教性而获取其他社会主体所不能享受到的特殊性赋权。法律层面上对宗教无论是管理、保护还是限制，都应该与其他社会规范存在一种基本的、底线性的共通规定，在此基础上再以行为结果为导向对相关问题具体行为进行研究，这才是研究宗教自由的核心与关键所在。

"基督教文化研究丛书"总序

何光沪 高师宁

　　基督教产生两千年来，对西方文化以至世界文化产生了广泛深远的影响——包括政治、社会、家庭在内的人生所有方面，包括文学、史学、哲学在内的所有人文学科，包括人类学、社会学、经济学在内的所有社会科学，包括音乐、美术、建筑在内的所有艺术门类……最宽广意义上的"文化"的一切领域，概莫能外。

　　一般公认，从基督教成为国教或从加洛林文艺复兴开始，直到启蒙运动或工业革命为止，欧洲的文化是彻头彻尾、彻里彻外地基督教化的，所以它被称为"基督教文化"，正如中东、南亚和东亚的文化被分别称为"伊斯兰文化"、"印度教文化"和"儒教文化"一样——当然，这些说法细究之下也有问题，例如这些文化的兴衰期限、外来因素和内部多元性等等，或许需要重估。但是，现代学者更应注意到的是，欧洲之外所有人类的生活方式，即文化，都与基督教的传入和影响，发生了或多或少、或深或浅、或直接或间接，或片面或全面的关系或联系，甚至因它而或急或缓、或大或小、或表面或深刻地发生了转变或转型。

　　考虑到这些，现代学术的所谓"基督教文化"研究，就不会限于对"基督教化的"或"基督教性质的"文化的研究，而还要研究全世界各时期各种文化或文化形式与基督教的关系了。这当然是一个多姿多彩的、引人入胜的、万花筒似的研究领域。而且，它也必然需要多种多样的角度和多学科的方法。

　　在中国，远自唐初景教传入，便有了文辞古奥的"大秦景教流行中国碑颂并序"，以及值得研究的"敦煌景教文献"；元朝的"也里可温"问题，催生了民国初期陈垣等人的史学杰作；明末清初的耶稣会士与儒生的交往对话，带来了中西文化交流的丰硕成果；十九世纪初开始的新教传教和文化活动，更造成了中国社会、政治、文化、教育诸方面、全方位、至今不息的千古巨变……所有这些，为中国（和外国）学者进行上述意义的"基督教文化研究"提供了极其丰富、取之不竭的主题和材料。而这种研究，又必定会对中国在各方面的发展，提供重大的参考价值。

就中国大陆而言，这种研究自 1949 年基本中断，至 1980 年代开始复苏。也许因为积压愈久，爆发愈烈，封闭越久，兴致越高，所以到 1990 年代，以其学者在学术界所占比重之小，资源之匮乏、条件之艰难而言，这一研究的成长之快、成果之多、影响之大、领域之广，堪称奇迹。

然而，作为所谓条件艰难之一例，但却是关键的一例，即发表和出版不易的结果，大量的研究成果，经作者辛苦劳作完成之后，却被束之高阁，与读者不得相见。这是令作者抱恨终天、令读者扼腕叹息的事情，当然也是汉语学界以及中国和华语世界的巨大损失！再举一个意义不小的例子来说，由于出版限制而成果难见天日，一些博士研究生由于在答辩前无法满足学校要求出版的规定而毕业受阻，一些年轻教师由于同样原因而晋升无路，最后的结果是有关学术界因为这些新生力量的改行转业，后继乏人而蒙受损失！

因此，借着花木兰出版社甘为学术奉献的牺牲精神，我们现在推出这套采用多学科方法研究此一主题的"基督教文化研究丛书"，不但是要尽力把这个世界最大宗教对人类文化的巨大影响以及二者关联的方方面面呈现给读者，把中国学者在这些方面研究成果的参考价值贡献给读者，更是要尽力把世纪之交几十年中淹没无闻的学者著作，尤其是年轻世代的学者著作对汉语学术此一领域的贡献展现出来，让世人从这些被发掘出来的矿石之中，得以欣赏它们放射的多彩光辉！

2015 年 2 月 25 日
于香港道风山

目次

第一章　宗教自由的内涵与外延……………………… 1

第一节　宗教的法律界定 ……………………… 1

一、从法律视角看待宗教 ……………… 3

二、巫术、迷信与宗教的关系 ………… 4

三、民间信仰与新兴宗教 ……………… 5

四、对宗教进行法律界定的具体考量 ……… 8

第二节　宗教信仰自由与宗教自由……………… 13

一、思想自由、良心自由、信仰自由与宗教
信仰自由 ……………………………… 13

二、宗教信仰自由的行为化表达 ……… 16

第三节　对宗教行为的规制 …………………… 20

一、宗教自由的属性 …………………… 22

二、宗教自由的法律位阶 ……………… 23

三、宗教自由与对宗教行为的限制 ……… 24

第二章　政教关系与宗教自由 ………………… 33

第一节　主权国家与宗教自由的关系 ………… 33

一、政治、法律与宗教的价值分歧 …… 34

二、国家安全与宗教自由 ……………… 36

第二节　政教分离及国家中立原则……………… 40

一、政教关系的不同类型 …………………… 40

二、政权与教权的勾连 ……………………… 43

三、个人权利在政教关系中的凸显 ………… 49

四、教育领域的政教分离及国家中立 ……… 52

第三章　宗教自由的法律实践 ……………………… 59

第一节　个人宗教行为与集体宗教行为 ………… 59

第二节　宗教法人制度的路径选择 ……………… 63

一、探讨宗教法人制度的必要性 …………… 65

二、宗教组织可划分的主体类型 …………… 67

三、目前中国关于宗教组织主体问题的规定
与实践 ………………………………… 70

四、宗教法人的"去宗教化"路径 ………… 75

第四章　公民社会下的宗教事务 ……………………… 79

第一节　宗教事务与社会公共事务的竞合 ……… 79

一、宗教信仰者不因宗教性而增添特权 …… 80

二、宗教信仰者不因宗教性而减损权利 …… 85

三、宗教行为的世俗维度判断 ……………… 88

第二节　教际冲突与宗教的良性发展 …………… 93

一、宗教竞争与宗教的多元化 ……………… 94

二、对劝诱改宗的法律处理 ………………… 99

第三节　"邪教"犯罪的刑事化处理 ………… 103

结　　语 …………………………………………… 111

参考文献 …………………………………………… 115

**附录：隋唐帝王与佛教诸宗——中国历史上政教
关系的一个侧面** ………………………… 127

一、隋文帝、隋炀帝与天台宗 ……………… 128

二、唐太宗与玄奘及唯识宗 ………………… 134

三、武则天与华严宗 ………………………… 141

四、禅宗"定祖之争"背后的政治博弈 …… 148

第一章　宗教自由的内涵与外延

第一节　宗教的法律界定

想要对宗教做出一个明确的定义是相当困难的，阐述宗教的一般研究不能以任何一种先入为主的宗教或反宗教视角为起点。[1]一方面众多不同属性的宗教信仰和活动难以化约为一；另一方面宗教研究在结合其他学科研究方法后，学者们纷由不同角度分析宗教现象，由此对宗教概念的理解也日趋多样，甚至相互冲突、对立。[2]中国宗教学界目前对宗教的众多定义之中以任继愈、吕大吉等学者的观点最具权威性，如任继愈主编的《宗教大辞典》写到：宗教是人类社会发展到一定水平出现的一种社会意识形态和社会文化历史现象。其特点是相信在现实世界之外存在着超自然、超人间的神秘力量或实体。信仰者相信这种神秘力量超越一切并统摄万物，拥有绝对的权威，主宰着自然和社会的进程，决定着人的命运及祸福，从而使人对这一神秘境界产生敬畏和崇拜的思想感情，并由此引申出与之相关的信仰认知和礼仪活动。[3]这种定义主要强调了宗教是一种人的社会观念之产物。吕大吉则认为宗教是关于

1　〔美〕佩顿著，许泽民译：《阐释神圣：多视角的宗教研究》，贵州人民出版社，2006，第 2 页。

2　刘祎著：《宪法与宗教的对话：论宗教自由之宪法图像》，知识产权出版社，2012，第 58 页；叶秀崇：《（台湾）宗教发展与宗教行政之研究》，铭传大学硕士学位论文，2013，第 17-19 页。

3　任继愈主编：《宗教大辞典·绪论》，上海辞书出版社，1998，第 1 页。

超人间、超自然力量的一种社会意识，以及因此对之表示信仰和崇拜的行为，是综合这种意识和行为并使之规范化、体制化的社会文化体系。吕大吉先生将他的这种定义解释为宗教的四要素说，即宗教观念、宗教体验、宗教行为和宗教体制。如果进一步归类还可以分为宗教的内在因素和外在因素两个层面，内在因素包括宗教观念和宗教体验，外在因素包括宗教行为和宗教体制。[4]这种定义除了强调宗教是人之社会意识的一种观念性产物之外，还突出了宗教社会性的一面，相比之下更为客观与全面。

此外有学者以"大小传统两分的框架"来描述中国社会文化的特异性，即中国社会和文化长期存在着以官方为主要内涵的"大传统"与以民间为主要内涵的"小传统"，两者交互作用成一个整体的泛图腾体系。[5]这种划分方法在宗教上也可以适用，即一方面是制度化的官方宗教，有着完整的教理教义等组织体系；另一方面则是分散化的宗教，包括民间信仰在内的广泛偶像崇拜等等。高师宁曾经对民间信仰做出如下定义：民间信仰是根植于广大民众尤其是下层民众中的信仰，其内容十分庞杂，从对形形色色的自然物和自然力的信仰，到对祖先、鬼魂的崇拜，涉及世界、人生的方方面面，形成了一个具有巨大影响的亚文化体系。它不仅继承了原始宗教中多神崇拜的特点，而且尤其寄托于祖宗的保佑，重生重死，相信前定宿命，因果报应，感应证验以及阴阳与人鬼的两重世界。虽然民间信仰从来没有进入中国信仰形态的主流，但其历史远远长于天主教、基督新教、佛教、道教、伊斯兰教，而其影响面也大大宽于这"五大宗教"。[6]面对这种划分方式有论者提出，之所以会出现所谓"官方"与"民间"宗教之区分，很大程度上是缘自对政教分离原则的违背，即这种宗教层面的"大小传统两分"是过于严厉的宗教管制和人民的宗教需求之间的矛盾所造成的，而官方在宗教问题上的意识形态则决定了宗教政策的形成。[7]出于规模大小而对宗教进行分类是没有问题的，但如果完全出于政府的认可与否而对宗教进行类别划分，确实有与政教分离原则背

---

4 吕大吉著：《宗教学通论新编》，中国社会科学出版社，1998，第79-80页。

5 陈重成：《全球视野下文化疆域的变与常：兼论当代中国社会的重构》，载《远景基金会季刊》，2006年第4期。

6 高师宁：《试论当代中国民间信仰对基督教的影响》，载《基督宗教与中国文化》，中国社会科学出版社，2004，第191页。

7 刘祎著：《宪法与宗教的对话：论宗教自由之宪法图像》，知识产权出版社，2012，第78页。

道而驰之嫌。基于此，在讨论宗教问题时我们可以做出一个简单的坐标轴，横向上以组织性的强弱分为制度性与分散性两种宗教模式，纵向上又可分为宗教观念、宗教体验、宗教行为、宗教体制四个层次，那么只要是隶属于该坐标轴上的任何一个定点，都应该属于宗教的范畴。

一、从法律视角看待宗教

尽管我们可以笼统地从人文学科或社会科学的角度对宗教进行限定，但接下来的问题是在法律上我们应该如何定义宗教这一概念，"无论学者们如何理解宗教，其理解归根结底乃是一种宪法理解"。[8]一个很有价值的神学、社会学或者人类学的宗教定义，很可能对在法律上定义宗教毫无用处。[9]法律上对宗教进行定义的工作也同样并不容易。如有学者认为，欲给予宗教一个普遍适用的定义，在法律上似乎为不可能之事。[10]以美国为例，作为现代美国显著特色的宗教多元主义，大约有超过一千多个教派，详细界定宗教和非宗教成为一种冒险的活动。[11]而一些以世俗视角对宗教的法律界定也存在非常明显的问题，如许多国家都规定以某种宗教信仰的实际人数来判定宗教的合法性或准入条件，但问题是在理论上我们无法"以皈依之人的数量来判断教义或宗教的正确与否"。[12]就目前而言，中国一些省份在宗教事务管理条例中只将佛教、道教、伊斯兰教、基督教、天主教等列为宗教，而将其他宗教类型都排除在宗教范围之外。刘祎对现行的《宗教事务条例》、《社会团体登记管理条例》、《宗教社会团体登记管理实施办法》以及《取缔非法民间组织暂行办法》中的相关规定进行梳理，同样认为这些具体规范对宪法上宗教的解释不外乎五大宗教而已。[13]这种做法意味着除了五大宗教之外，犹太教、印度教、东正教以及包括五大宗教之内的

---

8 王广辉：《宪法解释与宪法理解》，载《中国法学》，2001 年第 4 期。

9 〔美〕德拉姆、〔美〕沙夫斯著，隋嘉滨等译：《法治与宗教：国内、国际和比较法的视角》，中国民主法制出版社，2012，第 45 页。

10 刘祎著：《宪法与宗教的对话：论宗教自由之宪法图像》，知识产权出版社，2012，第 124 页。

11 〔美〕小约翰·威特著，宋华琳译：《宗教与美国宪政经验》，上海三联书店，2011，第 119 页。

12 〔德〕萨缪尔·普芬道夫著，俞沂暄译：《就公民社会论宗教的本质和特性》，上海三联书店，2013，第 4 页。

13 刘祎著：《宪法与宗教的对话：论宗教自由之宪法图像》，知识产权出版社，2012，第 118-120 页。

新兴分支教派和新兴宗教、民间信仰都不被承认视为宗教。[14]杨合理认为这实质上不仅违反宪法，而且可能侵犯、剥夺公民或人的宗教信仰自由，是国家权力对宗教信仰及事务的不适当干涉，[15]现实中也并不乏见国家以行政权力将某种民间信仰或新兴宗教认定为"迷信"、"巫术"的事例。[16]

二、巫术、迷信与宗教的关系

在试图对宗教进行法律上的理论界定之前，不妨先采取一些列举的方法进行说明。首先对于巫术、迷信这两个概念是否属于宗教在学界存在不同的声音，有学者认为巫术是民间宗教或者非制度化的宗教，"巫术并非宗教之外的另一种社会文化现象，而恰恰正是宗教本身的一种表现形式和现象形态"。[17]也有学者认为巫术是指所有操纵超自然力量来获得回报（或避免代价）而不提及神或者没有关于存在的一般性解释的努力，即所有宗教都提供一些普遍的有关存在的陈述，而巫术则关注特别的和立即的结果。[18]从以上两种观点来看，巫术可以被界定成是某种或某些宗教的表现形式或实施手段，是宗教信仰在一个特定层次的表现。[19]也就是说至少在法律层面，巫术更多的是某一种或几种宗教中的具体行为表现，也就是下文要提到的宗教行为的一种。相较之下，迷信与宗教之间的关系更难界定一些，事实上宗教与迷信的区别是一个学术问题，但不是也不应当成为一个法律问题。因为两者都是以相信某种神灵或者某种神秘之物为前提，法律不好规定相信某种神灵或神秘之物比相信另一种神灵或神秘之物更优越、更有意义、更符合基本的法理原则。特别重要的是，两者都是人寻求精神寄托和心灵安慰的方式，是人内心自由意志

---

14 值得注意的是，一些省份在近几年内新修订的《宗教事务管理条例》版本中删除了对"合法"宗教种类的列举性条款，但部分省份依然存在，如《山东省宗教事务条例》（2013年11月29日山东省第十二届人民代表大会常务委员会第五次会议修正）第48条第1款。

15 杨合理著：《论宗教自由的法律保障》，中州古籍出版社，2012，第178页。

16 三思：《寺庙香火盛，烧香拜佛多，现代迷信正在卷土重来》，载《工人日报》，1998年2月7日。

17 吕大吉著：《宗教学通论新编》，中国社会科学出版社，1999，第299页。

18 〔美〕斯达克等著，杨凤岗译：《信仰的法则：解释宗教之人的方面》，中国人民大学出版社，2003，第129-130页。

19 李亦园著：《人类的视野》，上海文艺出版社，1996，第270页。

的选择。[20]用科学去批判迷信，这更像是一场意识形态领域的斗争，而远远脱离了宗教的法律层面。既然宗教和"迷信"都是支配人们日常生活的外部力量和人们头脑中的反映，都是信仰者寻求精神寄托和心灵抚慰的方式，那么法律没有必要去判断哪类神灵更具有"合法性"，并运用国家强制力来进行保护或禁止。法律既然保护宗教信仰自由，那么有神论者和无神论者在法律面前都是平等的，并且无神论者仅仅是没有神灵的信仰，并不排斥无神论者持有神灵观之外的其他信仰；而且无论是有神论还是无神论，其在信仰过程中也不排斥有盲目信仰的可能性。事实在日常生活中，中国人即使是无神论者或者无宗教信仰者，也会持有"宁可信其有，不可信其无"的神灵观念。[21]

三、民间信仰与新兴宗教

接下来在众多对宗教定义的讨论中，民间信仰与新兴宗教是不是宗教也吸引了相当多的关注。以民间信仰问题为例，人类学者周星曾在河北省宁晋县进行过有关"四大门"之一"狐仙"信仰的调查，在调查中发现该村存有形态尚颇为完整的狐仙庙和狐仙庙会。尤其令调查者感到震撼的是，就在这个村落，由于出现了一部分"奉教的"亦即天主教徒，遂在狐仙庙的信仰者和"奉教的"村民之间形成了种种有形或无形的裂痕与对峙。"奉教的"村民多倾向于认为，狐仙信仰没什么好说的，它纯粹就是"迷信"，因此他们多是不会去光顾那庙会的。而热衷于承办、组织或参与狐仙庙会的村民，则是狐仙等"仙家"的虔诚信仰者，他们去庙会上香礼拜、许愿还愿，并眉飞色舞地讲述各种灵验故事，把对"现世利益"的很多期许和祈愿寄托于仙家的眷顾和护佑。在他们看来，"奉教的"多是一些不懂事的人，父母死了也不哭，实属于不敬（神）不孝（亲）。根据周星的分析，官方媒体时不时地指责某个村落的小庙香火兴盛而村办小学却破落凋敝，[22]这在一定程度上也解释了调研者在调查狐仙庙会时何以会遭遇村民们心有余悸的警惕性和不信感。基于此研究，周星明确提出，国家宗教政策的意义在于为人民正常的宗教生活提供明确的规范和切实的保护，国家当然有必要确定诸如宗教不得干预政治和公

20 魏宏：《论（中国）的政教分离制度及其完善》，载《国家·宗教·法律》，中国社会科学出版社，2006，第66页。

21 闫莉著：《宗教信仰：自由与限制》，社会科学文献出版社，2012，第52页。

22 《河北晋州迷信活动盛行，神庙林立香客不断》，《中国青年报》2001年12月18日。

共事务、宗教不得干预教育、不得借"宗教"之名行各种非法之实等一系列
具体的规范。但一个成熟的现代社会和现代国家，理想的状态是政府依法确
保各种宗教的自由与平等，信徒和民众则在法律、法规和政策允许的范围之
内经营各自的信仰生活。[23]中国民间信仰的多样性与复杂性已经在学术界被反
复证明，华北地区的"四大门"，北京地区的"王二奶奶"、粤东地区的"圣
人公妈"等等均是区域性民间信仰的代表。有学者指出，现阶段在宗教学研
究领域，民间信仰一直被放在原始宗教、自然崇拜等初民宗教的框架中加以
分析和理解，概念僵硬、方法陈旧。[24]这种态度往往导致了对民间信仰的不屑
与轻视，实际上恰恰是这些民间信仰才是与人民生活联系最为紧密的宗教，[25]
诚如杨惠美所言，"即便在帝国时代，中国人也从来都是现实的、世俗的。这
是困扰中国之文化健忘症的症候：长久以来，丰富的宗教生活一直是中国历
史的内在要素，然而现代中国付出巨大努力要丑化它、铲除它，很多中国人
对此却毫不知情"。[26]试图去用一种非宗教的语言去评论宗教的内容，无疑是
徒劳的。但与此同时我们也不得不承认，一些民间信仰极容易发展成为宗教
异端，从而为社会带来一些负面的影响，如日本学者田岛英一就曾提到，"在
广大的中国农村，往往是制度化和理性化程度较低的宗派容易占据市场，而
这种宗派在农民生活世界容易被变换为膜拜宗教"。[27]但绝不能因此而否定民
间信仰的现实意义，民间信仰是如何发展成为宗教异端的过程才是应当被赋
予关注的地方，以中国古代的一些"邪教"为例，明清时期由茅子元创立的
白莲教和由罗梦鸿创立的罗教（斋教）在创立之初本身并不具备所谓"邪教"
的性质，但在其不断的发展过程当中，一些极端分子对这些本属于民间信仰
的宗教组织进行了煽动与利用，最终这两种宗教才发展成为了与政府武装对

---

23 周星著：《乡土生活的逻辑》，北京大学出版社，2011，第 312-326 页。

24 王建新：《宗教与生活实践的人类学思考》，载《宗教人类学》（第 2 辑），社会科学
   文献出版社，2010，第 391 页。

25 中外学术界关于民间信仰的研究已经取得了非常丰硕的成果，但该问题不在本文讨
   论的范围之内，所以并未对此概念进行详细说明，对此问题的研究可参见黄海德：
   《中外学术界关于"中国民间信仰"概念的认知与检讨》，载《中外关系史论丛（第
   19 辑）——多元宗教文化视野下的中外关系史》，2010 年。

26 Edited by Marfair Mei-hui Yang, Chinese Religiosities:Affictions of Modernity and
   State Formation, Berkeley and Los Angeles:University of California Press, 2008, P.1.

27 〔日〕田岛英一：《"膜拜宗教"的咒语和跨越国界的公民社会》，武汉大学日本研
   究中心"面向世界的中日关系国际学术研讨会"，2009 年 9 月。

抗的"邪教"。[28]如果从法律的角度来处理此类问题的话，真正应该受到制裁的是那些利用民间信仰来实践个人极端思想的独立的"人"，而不是原生态的民间信仰。对所谓"邪教"的评判应该是从行为的角度而绝非宗教的角度，对行为的评判应当尽量排除宗教的色彩。

再将视角转向新兴宗教，一般认为新兴宗教强调宗教的神秘性和教主崇拜，教义思想具有混合性，且简而不繁，符合现代人的快节奏要求；注重现实救济，更具有入世品格。[29]新兴宗教将宗教、科学、保健、心理及巫术糅杂混合起来，对宗教的文化形象冲击很大，也对国家权力和社会大众的公共秩序构成一定威胁，在一般人眼中"神魔难分"似乎是对新兴宗教的观感。[30]虽然新兴宗教在教义、组织、行为方式等多个方面确与主流文化有相当大的差异，事实证明有些新兴宗教团体的成员也确实具有社会危害性，实施了严重的犯罪。但这并不意味着任何新兴的或非传统的宗教运动中必然有犯罪分子。[31]从社会变迁的视角观察，新兴宗教的出现有其正当合理性，[32]是现代多元社会的时代精神在信仰领域的一种体现，从对社会的作用而言，这种发展变化会有两种可能，即在一定条件下朝良性方面发展，但也可能朝恶性方面发展并酿成恶性事件。即使有些宗教团体本来处于相当正常的状态下，也可能由于某些内部因素滋生或外部条件推动而朝着"不正常"的方向转变。因此，我们应该注意的是那些可能引起本来相当正常的新兴宗教团体朝不正常方向转变的潜在因素。[33]这与对民间信仰的定性判断标准颇为相似，如果说非得用一个"客观"的标准去评判民间信仰或新兴宗教是否属于宗教范畴的话，说起来更类似同一宗教内部不同教派对宗教正统性的论争，这种标准再怎么说也是宗教之内的。这可能在宗教学的意义上是一个不容回避的问题，但从法

28　详见王清淮、朱玫、李广仓著：《中国邪教史》中白莲教和罗教部分，群众出版社，2007年版。

29　闫莉著：《宗教信仰：自由与限制》，社会科学文献出版社，2012，第45-46页。

30　林端：《宗教与宪法：社会学家另类的看法》，载《部门宪法》，元照出版有限公司，2006，第630页。对新兴宗教的讨论还可参见叶秀崇：《（台湾）宗教发展与宗教行政之研究》，铭传大学硕士学位论文，2013，第55-60页。

31　〔意〕西尔维奥·费拉利：《西欧的新兴宗教运动》，载《国家·宗教·法律》，中国社会科学出版社，2006，第111页。

32　刘祎著：《宪法与宗教的对话：论宗教自由之宪法图像》，知识产权出版社，2012，第95页。

33　高师宁著：《新兴宗教初探》，中国社会科学出版社，2006，第238-241页。

律的角度这种区分实际上没有什么实质性的意义。

四、对宗教进行法律界定的具体考量

美国宪法第一修正案中给出了关于宗教信仰的两个基本原则，即政教分离与宗教实践自由，但是在立法时所言的宗教到底是怎样一个定义也同样存有争议。杰弗逊认为不同信仰都享有宗教自由的权利，其认为《弗吉尼亚宗教自由法案》保护的对象包括"犹太人与外邦人……基督徒与穆罕默德信徒，印度教徒，和每一宗派里的非正统信仰者"。[34]但有学者对此持保守意见，认为仅根据立宪者心中的宗教观念，依然无从了解国会在通过第一修正案时是否把宗教只限于基督教或者有神论信仰。[35]无论如何，美国联邦最高法院在司法实践中逐步退出了对宗教进行法律认定的沼泽，如 1944 年 United State v. Ballard 一案中，最高法院排除了以传统宗教真理观念来衡量其他宗教信仰之真实性或合理性的做法，"法官不得指示陪审团去决定被告之宗教主张的真实性——无论那些主张多么不可置信甚或荒谬。人们有权相信那些他们无法证明之事，且不该被要求证明他们的宗教教义或信仰"。[36]1961 年 Torcaso v. Watkins 案对第一修正案中宗教的定义进行了更进一步的解释，美国联邦最高法院认为政府不能"为那些信仰上帝存在的宗教提供援助，以打击那些基于其他信仰的宗教"。[37]虽然最高法院在此案中并没有提出一个替代性概念，但是最高法院正式放弃了以是否信仰上帝作为宗教之为宗教的标准，认可宗教的多样性。这一判例使得非主流宗教，特别是新兴宗教和一些与西方宗教相比完全异质的东方宗教，享受到美国宪法第一修正案的保护。[38]在 1981 年的 Thomas v. Review Board 案中，这种观点再次得到继承，"受到宪法保护的宗教信仰，并不须以其可被接受、合逻辑、一致或可理解为前提"。[39]就是在这样一种历史进展中，美国最高法院跳出主流基督教的立场，不再以某一宗教

---

34 转引自 Ben Clements："Defining 'Relogion' in the First Amendment：A Functional Approach"，Cornell Law Review，1989，Volume 74，P.534.

35 杨合理著：《论宗教自由的法律保障》，中州古籍出版社，2012，第 40 页。

36 United State v. Ballard，322 U.S. 78（1944）

37 转引自 Ben Clements："Defining 'Relogion' in the First Amendment：A Functional Approach"，Cornell Law Review，1989，Volume 74，P.534.

38 杨合理著：《论宗教自由的法律保障》，中州古籍出版社，2012，第 40 页。

39 Thomas v. Review Board，450 U.S. 714（1981）

教义的真假来衡量其是否应当受到第一修正案的保护。[40]

在具体的法律实践中，许多对宗教概念滥用的担心往往是因为对宗教的特权性赋予，即一旦被归类为宗教，可以获得大量法律上的豁免，如美国和澳大利亚都曾出现过某些团体或个人将自身描述为宗教性的而获得特定利益。[41]结合上文以美国为例，美国虽然在司法实践中退出了对宗教的判定，但恰恰因为这种对宗教的特殊性赋权，政府以及最高法院仍然陷在对宗教信仰虔诚性的判定争论之中。即对于那些基于宗教权利赋予例外的情况，政府官员通常都要评估那些声称是从自己内心深处的信念出发采取行动的当事人的真诚度。[42]以 1965 年 United State v. Seeger 案为例，西格是贵格会的信徒，当纽约州昆斯区地方征兵委员会征召其服兵役时，他申请免服兵役，理由是他虔诚地相信善行和美德以及他对于伦理信条和宗教的信仰。根据联邦《普遍军事训练和服役法》第 6 款（J）之规定，由于其宗教训练和信仰的原因而认真地反对参加任何形式战争的人，可以免受战斗训练和免服兵役。该法给"宗教训练和信仰"下的定义是："个人的信仰把他对超自然神灵的义务看的高于人的关系产生的义务，但不包括本质上是政治的、社会学的或哲学的观点或仅属个人的道德准则。"尤为值得注意的是，西格在回答地方征兵委员会关于他是否信仰上帝的询问时对上帝是否存在表示了怀疑，没有做出肯定的答复。但他指出怀疑或不相信上帝存在并不意味着对什么都不信仰，他声明自己的宗教信仰就是相信纯理论的信条。历经多次诉讼，最高法院最后判决西格有资格免服兵役。[43]这里可以明显的看到，联邦最高法院逐步退出对宗教进行判定的司法实践得到了前后一致的贯彻，但紧接着问题又出现了，那就是除了对宗教进行判定之外，对宗教信仰者的虔诚性是否也要进行判定。正是因为法律上对宗教信仰者的特殊性赋权，司法机关始终无法躲避这种对"信仰"的主观认定。

在对宗教信仰者做出赋权性法律规定的同时，还存在这样一个问题，即非宗教信仰者如果出于宗教以外的其他原因也具有强烈的反战倾向时，

---

40 郑文龙：《宗教的法律定义》，载《香港社会科学学报》，2006 年春夏号。

41 Rex Ahdar & Ian Leigh, Religious Freedom in the Liberal State, Oxford：Oxford University Press，2005，p.112.

42 〔美〕肯特·格里纳沃尔特著，程迈译：《宗教与美国宪法》，中国民主法制出版社，2012，第 7 页。

43 United State v. Seeger，380 U.S. 163（1965）

他是否在一定程度上丧失了选择不信仰宗教的自由而唯有通过宗教信仰才得以实现其反战理想。简单来说，就是这种仅仅对宗教信仰者的赋权性规定是否侵犯了非宗教信仰者的宗教自由。[44]实际美国早在 1918 年的 Arver v. United State 案中就有和平主义者对这种规定提出质疑，其质疑国会将基于良知拒绝服兵役者的资格，限定于被任命的牧师、神学院学生以及"任何已有教义或原则禁止其成员参战的，组织完备的宗教派别或团体的"成员。只不过最高法院并没有正面回应这样一种质疑，"我们没通过别的什么，只是表明了我们的立场，认为宗教确立或对自由实践的干预，有悖于源自豁免条款的第一修正案……因为我们认为，它的不合理性过于明显，以至于不需要我们再做什么了"。[45]这种冲突在此后愈演愈烈，如 1929 年的 United State v. Schwimmer 案中，史威默仅仅因拒绝宣誓未来将为保卫国家而服兵役，就被拒绝获得公民权，在向最高法院的上诉中也以败诉告终。在最高法院的判决中大法官巴特勒写到，和平主义者是危险的，这是因为他们"可能会带来比单纯拒绝服兵役更大的危害。由于性别、年龄或者其他原因使他们可能不适合服兵役的事实，并不会削弱他们去影响他人的企图或能力"。[46]这段表述毫无疑问不仅仅适用于没有宗教信仰的和平主义者，也同样适用于有宗教信仰，或者是出于宗教信仰的和平主义者身上。从这个角度来看，对宗教信仰者与非宗教信仰者的区别对待并不是实现宗教自由的一个良好方式。

在接下来的 1970 年 Welsh v. United State 一案中，这种对信仰与非信仰以及信仰虔诚性的认定再次出现，威尔逊在 1964 年以良心反战的理由申请免服军役，在申请表中，他将是否有"宗教教育"一栏划掉，表明自己的反战是

---

44 学界一般将宗教自由分为积极的宗教自由与消极的宗教自由,如许育典认为所谓积极的宗教自由,乃国家不得干涉人民进行有关宗教及信仰的一切活动,例如参与礼拜、传道及其他属于宗教信仰的行为。而消极的宗教自由,则保障人民得拒绝参加有关宗教及信仰的一切活动,亦有不受他人宗教信仰影响的权利。详见许育典著:《宗教自由与宗教法》,元照出版公司,2005,第 343 页。与此类似,笔者认为应该按照主体的不同而予以对应的解释,即宗教自由不仅仅是宗教信仰者的自由,也包含着非宗教信仰者的自由。之所以用此种划分方式是因为笔者在后文中分析宗教自由时会经常将他种宗教信仰者以及非宗教信仰者作为相关第三人进而对宗教自由的赋予与限制进行整体性分析。

45 Arver v. United State, 245 U.S. 336（1918）

46 United State v. Schwimmer, 279 U.S. 644（1929）

基于较广的历史、哲学与社会的理由。最终最高法院以 5：3 的多数裁定威尔逊是一位良心反战者，可以免除军役。主笔大法官布莱克援引西格案的审判标准，认为"西格和威尔逊在申请书中确认他们所持有的深沉的良心上的顾忌抗拒参加杀伤的战争。他们都强烈相信在战争中杀人是错误、违反伦理和道德的，进而他们的良心禁止他们参与此类邪恶的行径"。[47]不得不说这一判决将宗教信仰者的免兵役权扩大化了，非宗教信仰的反战和平主义者也同样得到了免服兵役的权利。有论者指出，也许是最高法院从一开始就体会到定义宗教的困难，所以它还是坚持比较谨慎的立场，不管是宽松的解释还是后来严谨的解释，最高法院都将解释限制在法律解释的层面，从未提升到宪法解释的层次。[48]不过无论主观功能主义的标准如何修改与完善，[49]对宗教的定义始终无法逃脱对信仰虔诚性无尽追究的窠臼。并且在这种类似的认定中，很自然地就会超出宗教自由的范畴。如德国在 1965 年修宪时，在重新确立人民服兵役的宪法义务后，另订一项得因宗教信仰改服替代役的规定，就是鉴于纳粹时代的悲惨往事。据统计，在第二次世界大战时曾经对不愿从军的役男处以逃亡罪，枪决人数达两万人以上。[50]但反过来看，这种对兵役的抵抗仅仅是宗教问题吗？如果没有宗教信仰就无法提出任何有效的抗辩吗？[51]事实上将宗教信仰等同于和平主义这一假设就存在着极大的问题，这个世界上并非不存在着非和平主义的宗教信仰，与此同时我们还必须承认宗教传统是可以改变的，[52]虽然这种改变并非一朝一夕之事。正如威尔逊案所展现的，在这种对信仰虔诚性的认定中，最终往往会

47　Welsh v. United State，398 U.S. 337（1970）

48　Joannne Banker Hames & Yvonne Ekern，Constitutional Law：Principles and Practice，London：Thomson Delmar Learning，2005，pp.358-359.

49　Rex Alhdar & Ian Leigh，Religious Freedom in the Liberal State，Oxford：Oxford University Press，2005，p.115.；Joannne Banker Hames & Yvonne Ekern，Constitutional Law：Principles and Practice，London：Thomson Delmar Learning，2005，p.359.

50　陈新民著：《法治国家原则之检验》，元照出版公司，2007，第 193 页。

51　笔者在此并非反对替代役制度，事实上替代役制度也是学界目前比较通行的关于宗教自由与反战之间矛盾之解决办法的观点，如许育典认为替代役制度的制定规划，就是在扩展的中立性原则之下，国家有保护义务，去型塑而具体落实宗教自由保障的制度，详见许育典著：《宗教自由与宗教法》，元照出版公司，2005，第 184 页。但笔者要强调的是不应该让替代役制度变成宗教反战的一种特权，而应当从更为广泛的良心反战的层面去做具体的规定。

52　〔美〕彼特·伯格编著，李骏康译：《世界的非世俗化：复兴的宗教及全球政治》，上海古籍出版社，2005，第 21 页。

上升到良心自由的领域，而远非宗教自由范畴内所能解决的问题。并且任何要求某些人决定其他人诚实度的制度，都会产生武断决定和相对于不熟悉情况而偏向熟悉情况的风险，即使评估人努力做到公正也无法幸免。[53]

但是如果我们回到问题的本源，就会发现所有对宗教定义以及对信仰虔诚性的认定几乎全部是出于对宗教进行特殊性授权的原因。除了以上关于免除兵役的规定，再如德国联邦劳工法院曾否定某科学教派的宗教性，认为科学教派为从事"宗教"之行为，其宗教或世界观的教授只是作为追求科学、理智目的之借口；相应的，财政法院也否定科学教派的公共事业性并肯定其负有营业税义务。[54]即只有在对宗教进行特殊性赋权时才会出现法律上关于定义宗教以及认定信仰虔诚性的困境。因此依笔者管见，对宗教的法律定义最为矛盾的问题其实是在对宗教信仰者与非宗教信仰者的区别对待上，事实上宗教自由并不应当仅仅是宗教信仰者的自由，也应当包含非宗教信仰者的自由，宗教信仰者所享有的宗教自由仅仅意味着其不因自身的宗教性而丧失任何基本权利与自由，而并不应当是增添非宗教信仰者所不能享有的任何特权。诚如德国学者布莱克曼所言，宪法上关于宗教的概念，必须广泛到足以涵盖世界上所有的宗教。[55]许多学者也都同意以尽量广义的视角去看待法律意义上的宗教。[56]如陈新民认为"宗教是一种在说服人们由内心相信而自认已有完整理论体系之精神活动"，[57]再如许育典认为"只要是个人所选择的价值体系涉及个人对自己存在的定位以及个人对于其存在世界的认知时，该价值体系即可被广义地认为是属于宗教的范围"。[58]赵莹也提到，应当采用最大程度的具有包容性的"与宗教相关"这样的语言来界定宗教团体，不仅可以使一些较为传统的宗教组织得到承认，更为重要的是，那些仅有少数人参加的、特别是其教义不被大多数人认同、与宗教

---

53 〔美〕肯特·格里纳沃尔特著，程迈译：《宗教与美国宪法》，中国民主法制出版社，2012，第107页。

54 古健琳：《宗教自由之研究》，中正大学硕士学位论文，2002，第34页。

55 转引自吴志光：《宪法保障宗教自由之意义》，载《部门宪法》，元照出版有限公司，2006，第660页。

56 尤伯祥：《宗教自由之权利内涵研究》，政治大学硕士学位论文，1998，第146-148页。

57 陈新民：《中华民国（台湾）宪法释论》，载《司法院大法官释宪五十周年纪念论文集》，1998，第263页。

58 许育典著：《宗教自由与宗教法》，元照出版公司，2005，第112页。

相关的组织也能被"宗教团体"吸纳近来，从而使集体宗教自由和公民个体的宗教自由得到最大程度的落实。[59]再如黄鑫提到，作为一项基础性的人权，解释和定义宪法上的"宗教"时应足够宽泛，将尽可能多的主体、形式、渊源、类型等纳入权利的"荫蔽"之下，再以民主立法选择和"过滤"，辅之以严格的司法审查与救济，方能实现对人权的最大保护，符合现代法治精神。[60]需要指出，中国大陆地区学界目前对"合法"的"五大宗教"的范畴问题已基本达成共识，即仅限于承认"五大宗教""合法"地位的方式并不利于宗教生态的平衡，而且会破坏政府对宗教事务的实际管理。要真正实现宗教自由就应该"放开"宗教存在的形式。政府必须做的是对各种宗教社会存在依法加以管理。在"多"种宗教存在中体现政府的统"一"和直接管理作用。[61]当然这种管理的标准是严格以法律底线为衡量，而绝非因教而设。

因此，笔者认为法律上宗教自由含义下的宗教应当采取一种最广泛的理解，用一种可能不是很恰当的夸张比喻，甚至可以广泛到只要有人提出他信仰某一种宗教，那便可以视为存有这样一种"宗教"。因为任何一种宗教或宗教信仰者既不因其宗教性获得任何特权性赋予，也同样不因其宗教性而免除一般性法律规定的限制，即法律上的宗教自由只是保障任何一种宗教皆不因其宗教性的提出而增添一般性法律义务或丧失获取一般性法律权利的资格而已。

第二节　宗教信仰自由与宗教自由

一、思想自由、良心自由、信仰自由与宗教信仰自由

在谈及宗教信仰自由的不可限制性问题时，学界多从思想自由的角度予以论述。[62]如胡玉鸿曾提到，宗教信仰自由是自然权利的一种类型，先于国家和社会的存在。这就意味着，对于宗教信仰自由而言，它并非国家和法律恩赐给人们的一项权利，而是作为个人自然而然、天经地义即可享有的一项权

59　赵莹：《宗教自由研究》，山东大学博士学位论文，2009，第93页。

60　黄鑫：《对中国制定宗教基本法之主张的检视》，载《北方民族大学学报》，2016年第2期。

61　卓新平著：《"全球化"的宗教与当代中国》，社会科学文献出版社，2008，第37-38页。

62　王秀哲则从世界范围内的成文宪法中分析过宗教信仰自由的界定，详见王秀哲：《成文宪法中的宗教信仰自由》，载《海峡法学》，2011年第3期。

利，因而是不可克减也不可剥夺的一项权利。[63]再如王广辉所言，对宗教自由的保障，根本上不是要保障宗教这种社会现象本身，而是要保障人们通过宗教信仰而体现出来的精神自由和对精神生活的追求，特别是人们借助于宗教的形式而对世界和来生的意义进行的追问和思考。[64]杨合理也提到，从宗教信仰本身的字义而言，它仅指人的一种精神状态，是作为主体的人对某一教派的依从或对某一人格神的皈依。如果说思想是自由的，那么信仰也必然是自由的。[65]

但需要注意的是，"思想、良心"不等于"宗教"，"宗教信仰自由"表述的问题是，"宗教"与"信仰"的内涵不完全相等，而是两个相互关联而又有区别的范畴。一般认为"信仰"包括"宗教信仰"，信仰是宗教的主要功能之一，信仰比宗教更加抽象，更为普遍。[66]"宗教"是只与有神论相联系的特定概念；"信仰"的含义则要广泛的多，它可以指有神论，也可以指非有神论、无神论或某种意识形态、观念，可以泛指精神领域内的思想活动形态。"宗教"之中肯定包含"信仰"因素，而"信仰"之中则不一定必须包含"宗教"。[67]闫莉曾详细列举世界各国宪法以及国际公约中关于"思想自由""信仰自由""良心自由""宗教（信仰）自由"等等不同的表述方式。[68]对于不同表达形式背后的实质内涵学界也有不同的理解，笔者比较倾向这样一种逻辑关系：

【思想自由≈意志、意识自由≈精神自由】＞【良心自由≈道德自由】≥信仰自由＞宗教信仰自由

一个人内在的精神活动状态主要取决于他的自我意愿，无论来自外部的影响有多大，只要他愿意就能顺利实现精神自由，甚至在他的感觉器官或神经系统受到损伤时，只要他仍在思维，那么他的精神就是自由的。就此意义而言，个人精神内在自由的实现具有绝对性。[69]即思想自由与意志、意识自由

---

63 杨合理著：《论宗教自由的法律保障》序，中州古籍出版社，2012，第9-10页。

64 刘祎著：《宪法与宗教的对话：论宗教自由之宪法图像》序，知识产权出版社，2012，第2-3页。

65 杨合理著：《论宗教自由的法律保障》，中州古籍出版社，2012，第13页。

66 冯天策著：《信仰导论》，广西人民出版社，1992，第111页。

67 杨合理著：《论宗教自由的法律保障》，中州古籍出版社，2012，第31-32页。

68 闫莉著：《宗教信仰：自由与限制》，社会科学文献出版社，2012，第24-35页。

69 韩大元主编：《宪法学》，高等教育出版社，2006，第211页。

主要是指人的一种内心状态，思想包括信仰、观点和理论，国家权力不得干涉、压制公民内心思维方面的自由。[70]在某种程度来看，人的内心思想本来就是"自由的"，是无法剥夺的，它根本谈不上自由或不自由的问题，而只是一种既有状况而已。[71]良心自由与道德自由主要是指人们有权利自由地选择自己的价值观，即认为什么是道德/不道德的自由。[72]信仰自由与良心自由、道德自由在一定程度上存有重合，即人们可以自由选择其所认同的价值体系，这其中就可以具体表现为思想学说、宗教、意识形态等等，并进而以这种价值体系为终极依托而排斥或否认其他的价值体系，这种世界观或者说价值观一旦形成，很难轻易改变。[73]但是宗教信仰自由与良心自由又存有一定的区分，即信仰可能是在无充分的理智认知以保证一个命题真伪的情况下就对它接受或同意的一种心理状态。如美国学者威廉·施韦克所言，（宗教）教会的存在是要去帮助熏陶良心，但不是创造良心，[74]因而宗教信仰自由是信仰自由的一个组成部分，与良心自由有交叉但并没有隶属关系。有学者在讨论宗教信仰自由时试图对信仰进行一种扩大解释，如德沃金描述了"一种可以视为宗教信仰的较为抽象的信仰，即每个人都有一种内在的且不可逃避的道德责任，这种责任要求人们活得幸福。它属于信徒和无神论者所公有的一种宗教态度。每个人都有责任来决定怎样生活，以及判断什么有辱人格"。[75]笔者认同这样一种逻辑，即信仰自由不仅仅是宗教信仰者的自由，也是非宗教信仰者的自由。但需要明确的前提是无论支持宗教还是反对宗教，当权利人试图用宗教信仰自由为自己进行权利保障时，其争论点应当是立足于宗教问题的。如果两个权利人仅仅在意识形态领域存在分歧，那么这种争论似乎没有必要引入到宗教信仰自由的讨论领域。当然笔者在前文中也强调对宗教的理解应当采

70　闫莉著：《宗教信仰：自由与限制》，社会科学文献出版社，2012，第 53 页。

71　刘祎著：《宪法与宗教的对话：论宗教自由之宪法图像》，知识产权出版社，2012，第 146 页。

72　尤伯祥：《宗教自由之权利内涵研究》，政治大学硕士学位论文，1998，第 108-109 页。

73　周静：《试论宗教自由的规范构造》，载《法律科学》，2005 年第 5 期。

74　〔美〕威廉·施韦克撰，翁开心译，戴耀廷校：《宗教、良心与公共领域》，载《宗教价值与公共领域：公共宗教的中西文化对话》，中国社会科学出版社，2008，第 270 页。

75　〔美〕德沃金著，於兴中译：《没有上帝的宗教》，中国民主法制出版社，2015，第 87 页。

取一种最广义的方式，但与此同时要注意到的是笔者同时坚持宗教自由是一种防御性的权利，[76]权利人只有在因涉及宗教性而有被减损其他权利时才有必要以宗教自由为保障依托，否则完全可以以其他自由权利进行抗辩。这也是笔者认为信仰自由要大于宗教信仰自由的原因所在。

还有学者提到宗教信仰自由之所以是人类社会普遍保护的一种人权，受到宪法和法律保障，是因为它与人性契合，表达了一种使人向善的目的。[77]笔者认为这种观点存在可商榷的余地，用善与恶这样的价值判断去评价宗教本身就是有问题的，因为宗教本身或者说某一种宗教自身都会存在一种既定的价值体系，那么宗教这种价值体系中的善与恶可能与其他的价值体系并不完全重合，甚至有很大的差距。如果用善与恶去评价宗教的话，首先就要存在一个价值标准，而这种价值标准的选择就存有多重选项，即到底用哪种价值体系当中的价值标准去判断某种宗教的善与恶。所以对宗教信仰自由的保护并不应该从这样一种价值判断的角度出发，因为信仰自由本身就是一种在思想自由之下对价值观的选择，对于宗教信仰自由而言更多还是应该从思想自由的角度去予以确认。相反对宗教行为的保护与限制也并非从宗教价值体系中的价值标准去认定，而是从法律的价值体系去判定某种宗教行为及其所引起的法律效果。

二、宗教信仰自由的行为化表达

接下来要涉及到的问题是，"宗教或信仰"除了精神、思想方面的体现之外，还包括大量可见的实践活动，即"宗教行为"。对宗教的理解总是围绕着宗教"信"与"行"的二重性展开，各家定义只是"信"与"行"两个层面的各有侧重而已。[78]但在宪法或者法律的层面上，宗教自由的规定不仅仅是一种内在精神自由的保障，还体现在透过自由民主法治国的宪法基本原则实践，去创设宗教自由的外在环境自由。[79]如《世界人权宣言》第 18 条不是孤立地、

---

76 笔者在本文中所使用的防御性权利/自由主要是作为扩张性权利/自由的相对概念而存在的，简单来说即"消极地保护"与"积极地干预"之间的区别，在后文中对此还有具体介绍。

77 杨合理著：《论宗教自由的法律保障》，中州古籍出版社，2012，第 13 页。

78 闫莉著：《宗教信仰：自由与限制》，社会科学文献出版社，2012，第 40 页。对此问题还可参见马岭：《宗教自由内涵探析》，载《法治论丛》，2009 年第 2 期。

79 许育典著：《宗教自由与宗教法》，元照出版公司，2005，第 8 页。

抽象地使用"宗教自由"与"宗教或信仰自由"表述个人拥有的权利，而是在这种表述之后立即对"自由权利"进行了明确定义，阐述了"宗教自由"与"宗教或信仰自由"权利的具体内容与范围，明确了个人不仅拥有"思想、良心、宗教或信仰的自由权利"，而且拥有表达"思想、良心、宗教或信仰的自由权利"。前者强调个人的宗教或信仰的选择自由，后者强调个人的宗教或信仰的实践自由。如果个人没有为其保持宗教或信仰进行实践的自由，那么所谓的"宗教信仰自由"权利就只能停留在思想、精神层面，无法真正落实，从而成为没有实际意义的空话。根据刘澎对世界上 110 个国家现行宪法的统计，89 个国家的宪法采用了"宗教自由"或"宗教活动自由"的表述。在宪法中不提"宗教自由"或"宗教活动自由"的国家，只有 21 个。[80]对"宗教自由"与"宗教或信仰自由"的表述进行定义，就是为了防止在有关宗教的立法中出现"抽象地肯定，具体地否定"，把个人对宗教的选择自由与进行宗教实践的自由割裂、对立起来。[81]事实上即使有学者在论述中采取了"宗教信仰自由"的表达方式，但也明确说明宗教信仰自由是一个多向度的概念，包括信仰宗教的自由和实践宗教的自由、宗教信仰自由的保护和宗教信仰的限制及对内和对外宗教独立。宗教信仰自由既可作为宗教与信仰的自由来理解，也可作为宗教信仰上的自由来理解。[82]再如有学者提到，宗教信仰自由更多的是一种消极自由，在它的双重属性中，首要的是作为防御权抵制国家权力不合法、不合理的干预。尤其是精神层面的信仰自由必须保持绝对的自知；外在的行为层面的实践自由，在不违反宪法、法律的前提下，也应最大程度地实现自治。[83]

---

80 刘澎：《宪法比较：宗教自由与政教分离》，载《国家·宗教·法律》，中国社会科学出版社，2006，第 2-3 页。此类分析还可参见〔荷〕亨克·范·马尔赛文、格尔·范·德·唐撰，陈云生译：《成文宪法——通过计算机进行的比较研究》，北京大学出版社，2007，第 185 页。

81 杨合理著：《论宗教自由的法律保障》，中州古籍出版社，2012，第 13 页。

82 可参见赵莹《宗教自由研究》，山东大学博士学位论文，2009，第 15 页；闫莉《宗教信仰：自由与限制》，社会科学文献出版社，2012，第 34-35 页。王秀哲还曾以170 个国家的成文宪法为研究对象，提出"仅规定宗教表现自由的国家并不否定内心信仰自由，因为行动是内心信仰的外化；仅规定内心信仰自由的国家也会在其他规定中体现对宗教表现自由的承认。"详见王秀哲著：《成文宪法中的宗教研究》，中国民主法制出版社，2014，第 25 页。

83 黄鑫：《对中国制定宗教基本法之主张的检视》，载《北方民族大学学报》，2016 年第 2 期。

对宗教信仰自由与宗教行为表达的不可割裂性这里可以举两个具体的例子。李荣荣的《徘徊在"参与"和"观察"之间》[84]一文中曾记述过一个在美国悠然城田野调查的小例子，一位名为贝蒂的基督徒在一次教会组织的女性圣经学习班的课上讲述了这样一段话："有一天在悠然广场购物中心，我停了车之后打算去 See's Candy（一个著名的糖果连锁店）买糖果，就在我走向糖果店的时候我听到上帝和我说不要去 See' Candy，上帝说去 Big 5（体育用品连锁店）。于是我就走到了 Big 5，在那儿有鞋子正在打折出售。我看到一双鞋，非常喜欢，那是非常棒的鞋，原价 80 多美元，打折后才 15 美元。于是我就买了下来，要知道我一直在寻找一双适合散步的鞋子。回家后我立刻穿上，感觉很舒服，于是我就想出去散步。我走出家门，途中经过一位朋友家，她正在院子里出售家里不要的物品。我看中了一块镜子，就买了下来。可是我没开车来，镜子有点大不好带。于是我打算回去开车来取镜子。走了一段路我又想邀请朋友来我们的教堂，我就又折了回去。不过朋友说她去的是另一个教堂，没办法我就又往家走。路上我见到两位女士在屋子前谈话，不知怎么地我想上去说话，可又觉得不妥，只好接着走。这时我听到上帝和我说：'走回去，与她们交谈。'我就转回去，加入她们的谈话，原来她们正在谈论想要学习圣经的事，于是我邀请她们来教堂，她们答应了。是上帝的指示让我去 Big 5，不然我就不会买到鞋，接着也不会去散步，也不会见到这两位女士。我不是要说上帝指引我买到了鞋子，而是说上帝指引着我们的日常生活。"对于非宗教信仰者而言，这些偶然事件无非是诸多日常经验的一个片段，但对于信仰者而言，却是一种真切的宗教体验。[85]在这个完整的事件中，更多的都是这位基督徒的心理活动，也就是说，信仰更多的是一种内心的状态，这种作为心理活动的信仰自由是不需要在法律层面被着重强调的，在绝大多数的情况下即使在法律规范层面被禁止，在实践层面也无从操作。而她的心

---

84 李荣荣：《徘徊在"参与"和"观察"之间》，载《宗教人类学》（第 2 辑），社会科学文献出版社，2010，第 6-7 页。

85 与信仰的虔诚性相对应，许多学者提出中国人的宗教信仰存在着某种功利性或实用性的特征，如侯杰、范丽珠著：《世俗与神圣：中国民众宗教意识》，天津人们出版社，2001 年版；梁嘉麟著：《改革开放以来的中国农村教会》，建道神学院，1999 年版；刘琪：《信仰的地方表达与实践》，载《宗教人类学》（第 2 辑），社会科学文献出版社，2010 年版。但无论信仰是虔诚性还是功利性，都与本文所表达的主旨无碍。

理活动同时也指引她从事了特定的宗教行为——向其他人传教，即内在意志与外在行为其实是同样几乎时时刻刻相互拘束或影响的。[86]也就是说如果把宗教信仰自由与宗教行为割裂开来的话，我们至少是无法从法律层面进行具体的操作的。

在许多情况下内心的信仰和外在的敬拜行为是相伴而生的，[87]但与内心信仰相伴而生的绝不仅仅只是敬拜行为。对于非信仰者来说很难分辨信仰者的某种行为是否出于信仰，或者在多大程度上出于信仰。笔者曾访问过一位在世界宣明会[88]工作的基督徒关于信仰与其所从事的工作之间的关系，这位基督徒谈到，"我学的专业是社会工作，是因为我一直的意愿就是服务弱势群体。毕业后我就想找一个在信仰上有根基的公益机构，这样我的目标和机构理念在信仰的角度上是绝对一致的。工作内容方面，我觉得是这个工作找到我，而不完全是我去选择这个工作。从信仰上讲，神是创造者，我们每个人被创造出来的特点都不同。放在我身上的特长和恩赐都不一样，那我身上的特点可能就比较适合去服务别人。而且我内心很愿意去做这样的事情，我的服务对象得到快乐和成长的过程中，我也非常有满足感，所以我觉得这种工作就应该是我的命定，是我应该去做的事情。我觉得信仰是融入生活的方方面面的，也完全包含工作，每一个活动内容的设计、每一笔账务等等。圣经和教会教导的真理都应运用在生活中，作为一个指导，来教我去如何正确应对这些事情"。至少在这位信仰者的表述中，我们很难分清她所从事的工作到底在多大程度上是出于她的信仰，她在遵循其信仰的同时也非常明确地考虑到了自己的特长、工作成就感，我们根本没有办法把信仰完全地从外在行为中割裂出来而去赋予某个个体人以单独的信仰自由。台湾学者史庆璞也提到，"宗教行为是宗教信仰不可分割之部分，二者恰如一体之两面，宗教行为往往系宗教信仰之外在表现，而宗教信仰则又系宗教行为之内在动力，将行为与信仰依逻辑方法强予割离，显然与人类实际之宗教现象不符"。[89]但从法律的角度，尤其是在法律行为后果评价的问题上，却必须严格以行为后果为评判标

86　许育典著：《宗教自由与宗教法》，元照出版公司，2005，第 174 页。

87　李培林等主编：《社会学与中国社会》，社会科学文献出版社，2008，第 472 页。

88　国际世界宣明会（World Vision International，台湾译"世界展望会"）是一个由美国牧师卜皮尔（Dr.Robert Pierce）于 1950 年创立的国际性公益组织。详见 http://www.worldvision.org.cn

89　史庆璞：《宗教与法律相关问题之研究》，载《辅仁法学》第 18 期，1999 年。

准，否则就极易发生类似"思想犯"的历史悲剧。即"信"意味着宗教信仰自由纯属精神领域，而法律却是从属于世俗领域，具有世俗领域内自足性，关注点是行为合法与否，而非精神合法与否。[90]统治权只与行动有关，因此应当给每个人留下思所欲之物和说所想之事的权利，[91]甚至对宗教信仰的沉默与不表白其实也是一种不作为的行为方式，那么对宗教自由的保障就应当更多地在行为方面去进行界定。

正是基于以上种种分析，许多学者都提出了应该明确"宗教自由"概念的意见与建议。如有学者提到，《世界人权宣言》和《公民权利和政治权利国际公约》等国际公约是中国大陆参与制定或同意的。目前，世界经济一体化进程步伐加快，与国际接轨成为一种趋势。这种情况下，在涉及公民基本权利和有关宗教自由权利的法律文书中，如果我们对此不加以修改更正，使其与国际人权公约相一致，就有可能导致这种表述本身在逻辑上的混乱。[92]笔者也比较倾向于选择"宗教自由"这样的表述，一方面明确了在讨论宗教自由时有思想与行为两条相互联系却又有明确区隔的不同进路；另一方面标识着宗教自由从信仰角度来说是一种绝对的、无限制的"思想自由"，但从行为的角度更多地是一种防御性的自由、有限制的自由，即行为人并不因其信仰或不信仰宗教而减损其原本拥有的任何一项权利，也不因其信仰或不信仰宗教而增添任何一项法律上的义务。[93]

第三节　对宗教行为的规制

对宗教自由的保护有着其本身的内在逻辑，其根源于思想自由，而表现

---

90 闫莉著：《宗教信仰：自由与限制》，社会科学文献出版社，2012，第34-35页。

91 〔法〕阿兰·佩雷菲特著，邱海婴译：《信任社会》，商务印书馆，2005，第382页。

92 可参见杨合理著：《论宗教自由的法律保障》，中州古籍出版社，2012，第33页；石华：《关于宗教或信仰自由权利表述的国际标准》，载普世社会科学研究网（http://www.pacilution.com/ShowArticle.asp?ArticleID=757）；隋嘉滨：《宗教自由仅是"信仰或不信仰宗教的自由"吗？》，载《爱知论丛》第97号，日本爱知大学大学院院生协议会。

93 许育典对宗教自由的防御权属性界定为，为了人民宗教信仰上的自我实现，而赋予人民对抗国家高权侵犯的主观公权利，所形成的宗教自由的宪法保护网，详见许育典著：《宗教自由与宗教法》，元照出版公司，2005，第115页。此外对防御权的研究还可参加张翔：《论基本权利的防御权功能》，载《法学家》，2005年第2期。

在具体的行为上。"宗教自由的保护必要性，并不在于它的保护客体是人的自我决定的必要条件，而在于它们就是人的重要决定。"[94]对人们内在的宗教信仰是不应该也不能够进行限制与禁止的，但一旦信仰者将其内在的信仰以一种外在的行为表现出来而成为一种宗教行为并产生一定的法律效果时，法律就可以并应当从法律行为的角度进行合理的规制。"基本法之所以保障良心自由，乃是因为每个人都是同等的道德主体，没有人是有资格为他人甚至国家决定什么是道德上之应然的道德超人，所以良心自由乃以他人之良心为界限"，[95]这也就是绝对的宗教信仰自由与相对的宗教行为自由。瞿海源曾以140个国家的宪法为研究对象，计算各国的宪法中既规定了保障宗教信仰自由、同时也加以限制的，即"宗教活动不可违背法律、道德、公共秩序"的占到51%，有 68 个国家。[96]关于绝对的宗教信仰自由与相对的宗教行为自由，美国 1803 年新罕布什尔州 Muhich v. Wilkins 案的判决中曾有一段精彩的表述，"社会或世俗官员强迫人们信仰或不信仰什么是十分荒谬的，按照万能的造物主的旨意，人的理智不受有局限性的同类者的控制。思想自由是人类天赋的，每一个有思维能力者本来固有的权利，是绝对不能剥夺的特权"。[97]但一旦这种宗教信仰以外在行为的形式做出具体表达时，限制也随之出现。[98]"宣传世界末日的教派不可能通过援引宗教自由权来证明他用毒气攻击人是正当的。同其他权利一样，宗教自由也要受到其他人的权利的限制。不准滥用宗教自由来威胁其他人的权利，不准滥用宗教自由来威胁其他人的健康和生命。"[99]宗教自由与其他权利、自由一样，亦有其界限所在，而对界限的正当性设计将反过来促进权利和自由的保障。[100]从政府或国家法的立场看来，宗

---

94 周敬凡：《宗教自由的法建构——兼论<宗教团体法草案>》，成功大学硕士学位论文，2002，第 59 页。

95 转引自尤伯祥：《宗教自由之权利内涵研究》，政治大学硕士学位论文，1998，第128 页。

96 瞿海源著:《宗教、术数与社会变迁(二)》，桂冠图书股份有限公司，2006，第 192-193页。

97 〔美〕詹姆斯·安修著，黎建飞译：《美国宪法解释与判例》，中国政法大学出版社，1999，第 174 页。

98 王振中：《论当代台湾宗教自由变迁》，真理大学硕士学位论文，2012，第 8 页。

99 〔瑞〕托马斯·弗莱纳著，谢鹏程译：《人权是什么》，中国社会科学出版社，2000，第 56 页。

100 金晓伟：《宗教信仰自由界限的合理构造》，载《甘肃政法学院学报》，2016 年第 5

教里面所包含的神再怎么伟大，因为信徒都是国家的公民，所以都要服从宪法和国家法律的种种规定。[101]

一、宗教自由的属性

宗教自由到底应该分为几个层面，目前学界存有不同的声音，如二分法、三分法与四分法等等。二分法即宗教信仰自由与宗教行为自由，三分法除了宗教信仰自由与宗教行为自由之外还有宗教结社自由，其他分法则主要是对宗教行为自由的具体分类存有一定的争议。[102]笔者比较倾向于二分法，因为结社也是宗教行为的一种表达方式，[103]这与宗教仪式自由、传教自由、宗教出版自由、宗教集会自由、宗教捐赠自由、接受宗教资助自由、宗教营销自由等等并没有实质性的区分。值得注意的是，大多数的宗教行为均存在与一种或几种一般社会行为的竞合，即宗教行为不是孤立的，其实现同其他社会行为关系密切。[104]如传播、宣传、表达宗教的自由以及反宗教宣传的自由为宗教自由与言论自由的交叠；宗教结社自由是宗教自由和结社自由交叠产生的等等，几乎所有涉及宗教行为的情况都不可避免地会出现类似的交叉价值问题。一方面，需要通过保护那些有利于宗教或信仰自由的其他权利和自由，来给予宗教或信仰自由有效的保障；另一方面，某些特定宗教或信仰的支持者认为一些自由违反了他们宗教信仰所赖以建立的基础。而这种想法与一些基本权利之间存在某种程度的矛盾，宗教或信仰自由不能仅靠自身而变得兴旺，它需要诸如言论自由、集会自由等保障性权利的保护。信仰团体的自决权如果脱离一系列其他的基本人权和基本自由，那么它就既不能存在，也无法行使。[105]这也就意味着，宗教自由首先是一种防御性的自由，即宗教信仰

期。

101 刘祎著：《宪法与宗教的对话：论宗教自由之宪法图像》，知识产权出版社，2012，第 303 页。

102 对此学术回顾可参见闫莉著：《宗教信仰：自由与限制》，社会科学文献出版社，2012，第 22-24 页；刘祎著：《宪法与宗教的对话：论宗教自由之宪法图像》，知识产权出版社，2012，第 142-144 页；翁城都：《宗教自由与政教分离关系之研究》，中正大学硕士学位论文，2012，第 19-24 页。

103 赵莹：《宗教自由研究》，山东大学博士学位论文，2009，第 24 页。

104 杨合理：《论尊重和保障宗教自由在国家治理中的意义》，载《苏州大学学报》（法学版），2016 年第 1 期。

105 Johan D. Vander Vyver, "The Relationship of Freedom of Religion or Belief Norms to

者不因其宗教信仰而丧失其他任何基本权利与自由。那么接下来的问题是，宗教自由是一种扩张性的自由吗？即宗教自由可以跨越对其他基本权利和自由的限制而单独存在吗？笔者认为答案是否定的。以宗教出版为例，抛去其专属的宗教色彩，宗教出版行为与社会上一般的出版行为具有一系列共通的特性。绝大多数的宗教行为应当接受法律对社会一般行为的同样规制，这种规制在极大多数情况下并不应该因其特殊的宗教性而免除，如鼓吹民族、种族或宗教仇恨主张的作品不能够出版。这种禁止是对出版自由的必然限制，宗教出版行为并不因其宗教性而有所例外。同时宗教言论、出版行为也不应当因其宗教性而享受到一般出版许可之外的其他特权。以美国为例，如果立法机构给予宗教言论或出版物某种特殊的保护，其他言论或出版物却享受不到这种保护的话，这一做法很有可能会被视为立教行为，因为其明显违反了政教分离及国家中立原则。

二、宗教自由的法律位阶

在宪法或法律对这种存有竞合的宗教行为的确权问题上，杨合理曾提出这样一种观点，以宗教集会和结社为例，其认为由于宗教团体的组成不仅仅是单纯的结社，而且是一种宗教上的结社，而集会和结社都是从事宗教活动的一种组织性行为。故宗教团体的结社和集会与一般的结社和集会是特殊和一般的关系。由于中国于2004年颁布的《宗教事务条例》以及有关宗教团体的相关法律规定属于特别法，因此宗教集会不适用宪法性规定，而适用《宗教事务条例》以及有关宗教团体的相关法律规定。[106]这种观点有两个问题，第一，所谓宗教团体的组成不仅仅是单纯的结社，而是一种宗教上的结社无疑是从结社与集会的原因角度去理解的，那么什么才能被定义成为"单纯"的结社，即法律上并没有一个关于一般的结社或集会的特定指向对象，不同的结社与集会均存在可能不只一种既定的原因，如政治上的、经济上的、文化上的、学术上的，以及以上几种原因的并存。如果要具体考量每一种结社或集会的具体缘由，并对每一种结社与集会进行特殊性考量的话，那么恐怕相当多的集会与结社可能都不是所谓"单纯"的了，甚至根本就不存在"单

Other Human Rights", in Tore Lindhom（ed.）, Facilitating Freedom of Religion or Belief: A Deskbook, Martinus Nijhoff, 2004, P.85.

106 杨合理著：《论宗教自由的法律保障》，中州古籍出版社，2012，第13页。

纯"的结社与集会。事实上中国现行的许多关于宗教事务的管理规定在很大程度上均有以原因或目的为导向的倾向，而并非是以行为结果为导向，这种情形不仅给宗教事务的行政管理造成了巨大的负担，而且也有抑制正当的宗教活动之嫌。第二，《宪法》与《宗教事务条例》的法律位阶应当是上位法与下位法的关系，而绝非一般法与特别法。宪法是根本性大法，如果仅仅一部行政法规就能免除对公民宪法基本权利的保障的话，恐怕宪法也就不能被称之为宪法了。因此对宗教性的结社与集会的保障应当首先适用宪法中对公民结社权与集会权的保障，而并非要优先适用行政法规中的相关规定。《宗教事务条例》中关于宗教结社与集会的规定应该是对宪法中公民结社权与集会权的一种细化。这里还要强调的是，宗教自由是公民的一项基本权利，政治权利也是公民的基本权利，并不能用一种基本权利的特殊性去否定公民的另一种基本权利。笔者再次强调宗教自由应当是一种防御性自由，包括宗教信仰者的自由与非宗教信仰者的自由，绝不能用宗教自由去否定所有公民都应该享有的一切其他基本权利。

三、宗教自由与对宗教行为的限制

与此同时，人们当然不能以内在宗教信仰的名义而对外在的宗教行为进行无顾忌的表达。如有学者提到，选择在宪法中规定宗教信仰自由权的限度和限制的国家，能在宪法中指出宗教信仰自由权实现的核心价值和保障，比没有规定的国家更具有保护宗教信仰自由权的说服力。[107]从几何意义上说，如果某一种宪法权利具有边界，那么这种边界的起点，正是对该宪法权利进行保障的终点。[108]如某一宗教行为如果侵犯到其他主体的民事权利或者是触犯了某项刑事法律规定，国家自然要依据既定的法律予以处罚，这种处罚并不会因为该行为的宗教性而有特殊的考量。如宗教信仰者不能因为要达到某种特殊的宗教心理"幻境"而进行毒品交易，[109]英国 2001 年的 R v. Taylor 案

---

107 王秀哲著：《成文宪法中的宗教研究》，中国民主法制出版社，2014，第 89 页。

108 林来梵著：《从宪法规范到规范宪法——规范宪法学的一种前言》，法律出版社，2001，第 98 页。

109 对美国司法实践中使用毒品与宗教豁免的研究可参见〔美〕肯特·格里纳沃尔特著，程迈译：《宗教与美国宪法》，中国民主法制出版社，2012，第 66-83 页。此外张铮博士对 1990 年 Employment Division v. Smith 案的分析也尤为值得关注，详见张铮：《法治还是自治——从两个案例看美国宗教自由的张力与变迁》，载《比较法

110 和 2004 年的 R v. Andrews 案[111]中就未曾评价具体教派是否为宗教, 也未对使用毒品是否是一种宗教表达进行界定。从更广泛的意义上说, 精神层面的宗教信仰自由是绝对性权利, 国家不得通过立法或其他措施对其进行限制。但如果公民希望通过其宗教信仰获得某种优待, 则国家就具备了相应规制的正当性。[112]此外笔者还要特别强调在涉及宗教性的违法行为定性时应采取审慎态度, 以瑞典最高法院曾审理的格林牧师案为例, 其在 2003 年瑞典博尔霍尔姆的布道中引用了许多看起来谴责同性恋的圣经段落, 因此被以"煽动反对具有民族性、种族性和其他类型群体"的罪名起诉。欧洲法院最终认为对格林牧师的有罪判决将会构成对其传播圣经观点权利的限制, 因此驳回了对格林的诉讼要求。[113]言论自由的核心意义即在于保证不同声音在同一范围内的同时存在, 如果仅仅以宗教性与世俗性的不同观念表达就将宗教性言论盖棺定罪无疑构成了对宗教言论的过分限制。也就是说在讨论此类问题时作为公权力的国家所采取的措施不得有损于社会多样化的整体目标。[114]相反如果在世俗领域的宗教行为层面就要稍显严格, [115]此类案件如美国基督徒夫妇拒绝为一对女同性恋的婚礼做蛋糕而遭到 13.5 万美元的精神赔偿、[116]基督徒酒店主拒绝为男同性恋者举办婚礼而支付 5000 美元和解金等。[117]本节所要解决的问题是, 宗教行为除了要受到其与社会一般行为因共通性而自然受到的规制以外, 是否还要因其本身的宗教性而受到一定的制约。

研究》, 2015 年第 4 期。

110 R v. Taylor, EWCA Crim 2263 (2001)

111 R v. Andrews, EWCA Crim 947 (2004)

112 罗莎:《宗教信仰自由的规范化解读》, 载《苏州大学学报》(法学版), 2016 年第 1 期。

113 瑞典最高法院, B1050-05 号案件, 2005 年 11 月 29 日。转引自〔美〕德拉姆、〔美〕沙夫斯著, 隋嘉滨等译:《法治与宗教:国内、国际和比较法的视角》, 中国民主法制出版社, 2012, 第 186-189 页。

114 罗莎:《宗教信仰自由的规范化解读》, 载《苏州大学学报》(法学版), 2016 年第 1 期。

115 对该问题的探讨可参见张业亮:《美国"宗教自由"的新难题》, 载《世界知识》, 2015 年第 11 期。

116 http://www.gospeltimes.cn/news/36598/美国基督徒面包店主拒绝为同性恋服务遭罚-葛福临牧师声援

117 http://chinese.christianpost.com/news/又一家基督徒酒店因拒绝举办同性婚礼被迫关门-20046/

一般来说，在对宗教自由的界限划定时主要有三个方面的考量，首先，任何基于某种宗教信仰的宗教行为不能侵犯他种宗教信仰者的宗教自由，即一个人的信教自由不得妨碍其他人的信教自由；其次，宗教信仰者基于宗教自由的宗教行为不得侵犯非宗教信仰者的宗教自由；再次，宗教自由不得强行破坏为整个社会、国家乃至世界成员所存有的其他价值体系。如闫莉博士在列举了世界各国宪法中对宗教自由的限制性规定之后总结出了六个方面的原则：秩序或公共秩序原则、道德或公共道德原则、他人的权利和自由原则、公共安全原则、卫生或公共卫生或健康原则、其他限定原则。[118]金晓伟同样以各国宪法文本为研究对象总结出对宗教自由四个维度的界限：以国家法律为界限、以公序良俗为界限、以公共利益为界限、以政治因素为界限。[119]学界在讨论国家或是政府对宗教自由予以必要限制时一般都是从社会公共利益或国家利益的角度出发，即上述的第三个层面。如有学者提到，现在自由实践案件的核心，在于政府权力实施和私人宗教实践之间的基本冲突。私人会质疑政府权力的实施，认为这侵犯了他受自由实践条款保护的权利。[120]在对自由的限制的相关研究中，英国学者约翰·密尔的伤害原则最具代表性，"第一，个人的行动只要不涉及自身以外什么人的伤害，个人就不必向社会负责交代。他人若为着自己的好处而认为有必要时，可以对他忠告、指教、劝说以至远而避之，这些就是社会要对他的行为表示不喜或非难时所仅能采取的正当步骤。第二，关于对他人利益有害的行动，个人则应当负责交代，并且还应当承受或是社会的或是法律的惩罚，假如社会的意见认为需要用这种或那种惩罚来保护他自己的话"。[121]需要指出，这种伤害是指某种活动对于信徒或周边个人权利或公共秩序构成的现实损害，而不是指其信仰内容本身对社会构成现实或潜在的观念冲击。[122]此外笔者认为

---

118 闫莉著：《宗教信仰：自由与限制》，社会科学文献出版社，2012，第137-148页。

119 金晓伟：《宗教信仰自由界限的合理构造》，载《甘肃政法学院学报》，2016年第5期。王秀哲也曾以170个国家的宪法文本为对象，绘制出了法律限制各个理由出现频次的数量图，并概括宗教自由权利限制的理由集中在公共秩序、公共道德、他人权利、公共健康和公共安全五个方面。详见王秀哲著：《成文宪法中的宗教研究》，中国民主法制出版社，2014，第81页。

120 〔美〕小约翰·威特著，宋华琳译：《宗教与美国宪政经验》，上海三联书店，2011，第163页。

121 〔英〕约翰·密尔著，程崇华译：《论自由》，商务印书馆，1959，第10页。

122 杨合理著：《论宗教自由的法律保障》序，中州古籍出版社，2012，第181页。

在讨论对宗教自由的限制时，其实首先应该考虑到的相关利益主体应该是非宗教信仰者以及他种宗教信仰者，公民的基本权利在同一个主权国家之下是并存的，宗教信仰者的宗教自由与非宗教信仰者的宗教自由应当是对等的。由"宗教信仰自由"权利主体的平等性必然会产生"宗教信仰的平等性"要求，不论是信教的，还是不信教的，不论是何种性质的宗教或非宗教信仰，都应当获得法律上的平等对待。所以，宗教信仰平等权也是"宗教信仰自由"的一个重要权利内涵。[123]毕竟作为公民基本权利的宗教自由的主要义务主体应当是国家或政府，而不是相反。宗教信仰自由不受侵犯，但这个自由的实现程度和品质却高度有赖于公权力的保护。同时，国家/政府和教会、宗教团体之间的关系和地位得以原则性写定：政府的责任在于保护、而不在于介入教会事务，国家/政府的公法活动，如立法、行政（含外交）、司法，都应受其约束。[124]早就有学者提到过，公共利益的概念十分抽象，但可以明确的是只有在国家内部和平下，个人自由才得以充分开展，而社会正义则构成个人自由实现的前提。因此人民利益才是国家目标，国家本身并不是一个自我目标，而仅是达成这些国家目标的工具。[125]从这个意义上说，对宗教自由的限制最根本的基点乃是保障他种宗教信仰者以及非宗教信仰者的自由。

以闫莉在一项田野调查中所提到的一个现象为例，其发现为数不少的信仰佛教的私营企业主在工作时间采用背景音乐方式播放佛教歌曲、佛教经文以及佛经讲解等，业主认为这是一个佛教徒为个人信仰以及佛教所作的功德事业。闫莉提到这种行为对于宗教信仰者而言是其宗教委身义务的实践，但是对于那些未委身于宗教或某一教派的人而言，无疑是一种"温水煮蛙"似的"信仰强奸"，是对其择教自由的干涉；对于那些已经委身于其他宗教的信仰者而言，则是更大的对宗教信仰自由的侵犯。[126]在美国也发生过与此极为类似的案例，一个由虔诚宗教信仰者所有并运营的制造公司，要求所有雇员都在公司上班时间参与常规祷告活动，联邦平等就业委员会禁止公司对于反对的员工强加这项要求，公司所有者诉称这侵犯了他们自由实践其整体信仰

---

123 莫纪宏：《宗教信仰自由的法律界限》，载《宪政与行政法治探索》，中国人民大学出版社，2004，第 161 页。

124 格竹：《中国宪法 36 条的规定及其瑕疵：文义、体系和目的分析》，载《宗教与法治》，2015 年冬季刊。

125 许育典著：《宗教自由与宗教法》，元照出版公司，2005，第 48 页。

126 闫莉著：《宗教信仰：自由与限制》，社会科学文献出版社，2012，第 73 页。

的权利。[127]在此类型的事例当中实际存在着三方主体，首先作为私企业主，其完全拥有按照自身宗教信仰进行传教的权利，事实上作为个体人每天都生活在一定的社会阈限之下，如果说这样一种传教是"温水煮蛙"似的"信仰强奸"，那在这样一个信息大爆炸的当代几乎每个人都不得不面对这样或那样的"信息强奸"。但作为另一方主体的雇员此时依据宗教自由享有一种拒绝权，宗教自由不仅是宗教信仰者的自由也是非宗教信仰者的自由，且不是某一单一宗教的宗教自由。因此如果雇员以自己的宗教自由为依据对私企业主进行权利申诉，那么法律就应该保护雇员的权利，当然如果有雇员愿意接受这样一种传教就可以选择单独收听或耳机收听的模式。此时作为公权力的第三方即国家应该选择底线性的保护，而不是积极的干预，一方面私企业主当然地享有传教的自由，但与此同时作为被传教的雇员享有接受或拒绝的权利，这两种权利之间并不存在冲突的关系，国家权力在此只能充当保护性角色，而并不应该主动干预到公民的私权利领域。

在此笔者还要特别提及陈锦航的一项研究，其提到"中西对于中国宗教自由的状况看法迥异，从根本上说是西方以个体为取向的宗教自由和中国以国家为取向的宗教自由的矛盾"，"通过对中国信徒和非信徒的日常生活宗教活动的调查，发现二者并非是绝对的二分状况"。陈锦航通过一些田野调查的案例指出中国"国家实际上对宗教管理的放松，官方教会向服务型转变，基层机构（教会、学校、家庭和居委会）对于个人综合管理的减弱，使得宗教信徒拥有在非宗教场所中进行宗教相关互动和交流的可能"。[128]笔者并不否认中国的宗教自由问题在社会实然层面可能要比在法律规定的层面享有更为宽泛的张力，事实上法律应然与法律实然之间的矛盾可能在整个社会科学当中都存在着各种各样的解读。当然如果将对这一问题的讨论放置到法学与社会学的学科前见当中可能显得更有价值，但这远非本文力所能及，因此笔者在此想要强调的是个人在具体权利实现上的救济性。陈锦航自己也提到中西方现代个体宗教自由的形成有着社会自发规范构型和法律确立两种路径，这就意味着或许从社会整体视角上来说中西方之间的个体宗教自由总量并没有太大的差异，但一旦将视角切换回到当个体宗教自由受到具体的侵犯时所享有

---

127 E.E.O.C. v. Townley Engineering（9th Cir. 1988）

128 陈锦航：《中国现代个体宗教自由之兴起——从社会关系视角下考察》，载《北京大学研究生学志》，2014年第4期。

的救济上，差异便凸显出来了。国家在法律层面对宗教自由的保护可能在短时间内对社会总体宗教自由的实现状况并不会产生太大的改变，但其最为重要的意义在于当某个具体个案发生时能够寻求到有制度支撑的救济方式。

与此同理，当在法律层面针对宗教行为做出必要规制时，这种规制必须是普遍性的而非针对性的。如德国联邦宪法法院就曾经运用过这样一种逻辑：如果法律影响了所有人而没有特别影响到宗教团体，那么，此时法律并没有抵触宗教团体的自决权。[129]这也恰恰是作为防御性自由之宗教自由的核心要求，宗教自由既不需要政府的特殊性授权，同时也不承担有针对性的义务性限制。但赵莹曾对此提出质疑，其认为政府积极提供和分配某种资源是宗教自由得以实现的必要条件，并举例公民缔结宗教团体是自由的，但当宗教团体的活动影响到公共安全和秩序时，由公民通过纳税方式、以税金资源建立的军队、警察、监狱等大量公共机构成为维护公共秩序从而保障最大多数人自由的必要途径。[130]但问题是，政府对公共安全或公共秩序的维护绝不是单独指向宗教的，能够影响到公共安全秩序的因素成千上万，宗教自由的实现实际上并不需要政府的特殊性维护，其与其他社会现象一样承担着同等的权利与义务。以美国1993年Church of the Lukumi Babalu Aye, Inc. v. City of Hialeah案为例，海厄利亚市法令针对萨泰里阿教的动物献祭活动做出了相关的禁止性条款，但却不触及其他许多杀死动物的方式。该法令将"祭祀"定义为"并非为了私人食用目的，在公开或私人仪式或典礼上，以不必要的方式杀死、折磨、虐待或损伤某一动物"，但是它继续允许犹太教的屠宰、每周对少量猪牛的私人屠宰、打猎以及不是为了食用而杀死动物的行为。这些法令并非具有着普适性的中立，因为它们针对的是某种宗教实践，除非服务于一种令人信服的利益，否则这些法令将无效。州无法满足这种证明要求，因此制定目的是阻止宗教献祭的这些法律违反了宗教活动自由条款，从而无效。[131]在此有必要特别提及美国学者肯特·格里纳沃尔特的一项观点，其认为在决定何种活动可被禁止时，立法者和法官都不能不考察宗教观点的正确或错误。为了证明这一观点，肯特·格里纳沃尔特举出了一个非常值得讨论的案

---

129 〔德〕罗伯斯主编，危文高等译：《欧盟的国家与教会》，法律出版社，2015，第57页。

130 赵莹：《宗教自由研究》，山东大学博士学位论为，2009，第11页。

131 Church of the Lukumi Babalu Aye, Inc. v. City of Hialeah, 508 U.S. 520（1993）

例，他提到在一些超验基督教团体中，主要是在美国南部，成员们手拿毒蛇并饮用毒药，以遵行《马克福音》中关于耶稣在他复活后出现在门徒们面前的段落所描述的情形。一些州对此规定了明确的禁止条款，有的表明是针对宗教活动，一些州并没有提到宗教仪式。问题是，拿蛇无疑是危险的，但是它是否比立法者们容忍的一些极限运动更危险呢？尤金·沃罗克建议"只要至少该行为一般来说并不比那些法律未禁止的活动（比如空中滑板）更危险，法院就应当授予豁免。如果法律允许人们拿自己的生命冒险以感受肾上腺激素分泌加快的快感，看起来就有必要为那些基于精神上的理由而拿自己生命冒险的活动……设定豁免"，[132]而肯特·格里纳沃尔特"怀疑这种比较能否成为一种有针对性进行司法处理的基础"。[133]笔者比较认同尤金·沃罗克的观点，如果立法者和法官要考察宗教观点的正确或错误，其判断的标准明显就要从属于一种非宗教的价值体系，用一种非宗教的价值观去评价一种宗教的价值观这本身就充满争议，这与用一种宗教的价值观去评价另一种宗教的价值观一样荒谬。相关于宗教和良心的最明显的人权规范或许是国家应避免卷入对信仰体系相比较的价值做实质性判决。[134]正如肯特·格里纳沃尔特自己所言，"政府不能在判定宗教观点是正确的前提下将豁免限于宗教信徒们"，[135]政府同样不能在判定宗教观点是错误的前提下将限制强加于宗教信徒的身上。因此，如果立法者要对某种宗教行为进行规制，那么这种规制就必须是普适的，法律在规定时必须考虑到与此规制相应的一切世俗的、宗教的类似行为现象。

综上所述，对专属性宗教行为的制约只能局限于两个方面，即侵犯非宗教信仰者或他种宗教信仰者的正当权益以及危害社会公共利益，这与其他社会行为所受到的法律限制是相同的，行使行政权力的政府不应该从任何行政角度而对宗教行为进行任何的特殊性规定。究其根本原因，宗教自由从本质上来讲应该是一种消极自由，国家应该谨遵消极自由的非干预原则，从而不

---

132 Engene Volokh： "Intermediate Questions of Religious Exemptions——A Research Agenda with Test Suites"，21 Cardozo Law Review，1999，pp.595-626.

133 〔美〕肯特·格里纳沃尔特著，程迈译：《宗教与美国宪法》，中国民主法制出版社，2012，第40页。

134 〔美〕威特、〔英〕布多尔多主编，刘洋译，隋嘉滨校译：《俄国的东东正教与劝诱改宗：争夺灵魂的新战争》，中国民主法制出版社，2013，第226页。

135 〔美〕肯特·格里纳沃尔特著，程迈译：《宗教与美国宪法》，中国民主法制出版社，2012，第56页。

应对其进行附加的权利限制。除此之外，宗教的排他性也是对宗教行为自由进行限制的一个主要原因。即相对于其他基本权利，宗教自由有被否认的倾向。即使是主张宗教自由的人，也容易因为本身的信仰去否定其他的宗教，而侵害不同宗教信仰者以及非宗教信仰者的宗教自由，这尤其凸显了宗教自由中国家中立原则的重要性。至于教际冲突的问题则在文章以后章节会有具体的阐述。

第二章 政教关系与宗教自由

第一节 主权国家与宗教自由的关系

刘祎曾敏锐地指出，在谈论宗教自由问题时，不可能不涉及到其背后的一个国家政体的问题。而这一国家，绝非极权主义意义上的专政国家，而是能够提供一种中立的法律制度和政府职能的国家。[1]即在政治国家和政体的框架之下，去思考如何维系自由，政体在自由问题上扮演了什么样的角色，如何让自由的进步可以联结到政体的进步之上。以宗教自由为例，信仰的表达和教义的传布都必然涉及公民的言论、集会、结社等政治权利的行使，政教关系的处理会受政体性质的影响，宗教人权的救济自然也和一国司法制度的运作方式密不可分，这些因素都与一国的政体状况有着千丝万缕的联系。简言之，政体拿捏了自由的声音。[2]这里还涉及到一个如何定义政体的问题，一般来说政体的概念有广义和狭义两种，狭义的政体是指国家权力，尤其是有关国家主权归属的制度。广义的政体除含有狭义政体概念的内涵外，还包含国家权力在国家机关之间的配置及在此基础上形成的国家机关之间的相互关系之内涵。[3]但刘祎对此提出异议，其认为狭义的政体概念执着于"国家主权的归属"，而国家主权的概念在今天这个全球化时代，渐渐成为一个被国际法、

---

1 高全喜著：《西方法政哲学演讲录》，中国人民大学出版社，2007，第152页。

2 刘祎著：《宪法与宗教的对话：论宗教自由之宪法图像》，知识产权出版社，2012，第24-27页。

3 刘茂林著：《中国宪法导论》，北京大学出版社，2005，第160页。

外交关系所垄断的词汇，在反映国内现实状况方面是贫乏无力的。其认为政体中含有国家权力的因素，但它不是唯一的，也并非最重要的；国家权力在政体中的存在方式绝非赤裸裸的暴力，而更多地体现为政治制度和法律制度。政体乃是一包含有各种制度的体系，各种制度共同互相发挥作用，很难说哪一种制度或因素在其中扮演了基点或核心的作用。基于此，刘祎认为缺乏价值判断和过分纠缠于国家权力是目前宪法学在政体论上的认识偏差。[4]

一、政治、法律与宗教的价值分歧

笔者基本同意刘祎的观点，从实然的角度看一国政体尤其是各种制度之间的制约与配合对宗教自由的保障与实践固然具有着巨大的影响。但一个小问题是我们并不能将对政体之下政治或法律的价值判断依附于其是否有助于实现宗教自由之上，即"人不是进入了公民社会，或建立了更多便利设施后，才从事宗教活动"。[5]首先一个主权国家下的政治制度和法律制度两者在价值体系上即存在着一定的偏差而非完全统一，尤其在高位阶价值与低位阶价值的排序上更是有明显的差别。而宗教本身作为一种价值体系与政治、法律价值体系之间的差别则更为突出。事实上我们如果从一个更微观的视角来看，自由在宗教的价值体系当中并不是一个高位阶的价值，宗教天然具有的排他性意味着限制与自律才是宗教的普遍要求，而不同的宗教之间的价值体系也存在极大的差异。当然，笔者绝不是要否认一国的政体与宗教自由之间存在着复杂的联系，只是在宗教自由层面对政体的要求应该是底线性的，政体本身的制度完善是一个主权国家政治与法律发展的必然要求，我们不能以宗教的标杆去推动一主权国家的政体改革，相反这一标准应当是世俗的自由权问题。如刘祎所言，"自由的框架乃是一国的政体，而有益于权利保障的莫过于实质法治国政体，由实质法治国政体形成的国家秩序为承认、维系、保障和推进自由提供了期待可能"，[6]"法治国家对宗教自由的托护意义在于避免对宗教自由仅作体系化的封闭式讨论，

---

4 刘祎著：《宪法与宗教的对话：论宗教自由之宪法图像》，知识产权出版社，2012，第 28-30 页。

5 〔德〕萨缪尔·普芬道夫著，俞沂暄译：《就公民社会论宗教的本质和特性》，上海三联书店，2013，第 8 页。

6 刘祎著：《宪法与宗教的对话：论宗教自由之宪法图像》，知识产权出版社，2012，第 49 页。

而是将宗教自由基本权利与权利实现所必需的环境联系起来"。[7]之所以要将宗教自由限定于某一主权国家的政体之下，是因为国家宗教自由与其他公民权利之竞合，尤其是与政治权利的竞合均从属于某一主权国家之下的法律体系，而并非单独存在。宗教自由是一种防御性自由，宗教信仰者并不因为其宗教信仰而丧失非宗教信仰者的任何一般性权利，但与此同时宗教自由也是非宗教信仰者的宗教自由，即非宗教信仰者并不会因为其不信仰宗教而减少某种权利的享有。基本公共制度并不维系着神圣世界，它们只控制其中进行着"终极"意义市场竞争的法律与经济框架。[8]宗教行为中的绝大部分行为均受制于某一主权国家政体下的法律规范，也就是说绝大多数宗教行为不可能超越某一主权国家政体而存在，否则这必然导致对宗教自由的无限制，反而对主权国家形成威胁。

　　我们在保障宗教自由时所要做到的就是将宗教自由与公民的基本权利与之实现所需要的环境扩大化，而并不是仅局限于宗教自由而谈论宗教自由，同时这种扩大化也并不是无限扩大，而是要局限在某一主权国家的现有政体及其运作模式之下，法治国家意味着宗教自由将在一种更广泛的社会环境中被予以保障，而并不是将其仅局限于宗教内部或者是某一具体的权利领域。即于宗教自由而言，对政体的要求应当是底线性的，对宗教自由的保障与维护是从属于政体之下对公民基本权利的保障而并不是从属于宗教之中，我们不能将过多的价值判断同时涉及到宗教与政体的双重判断中，对政治及法律的价值判断与对宗教的价值判断确实是从属于两种价值体系的，不能将其混为一谈。刘义在研究全球化背景下的宗教与政治时也曾提到，一种有效的治理机制一方面要提高治理的能力，如法治和社会秩序；另一方面要建构合理的政治途径，如全球民主和公民社会。[9]对宗教的治理归根结底仍然是一种政治上或者法律上的治理，那么无论法治、民主还是公民社会在不同的主权国家之下都必然有着不同程度的区分，这种政体，或者说法律制度、政治制度对宗教的影响无疑是巨大的。但此种治理只能关涉到宗教中的世俗面，也就是宗教中的世俗面与其他社会现象、社会行为应当同等地处于政体的治理之

7　刘祎著：《宪法与宗教的对话：论宗教自由之宪法图像》，知识产权出版社，2012，第 54 页。

8　〔德〕卢克曼著，覃方明译：《无形的宗教：现代社会中的宗教问题》，中国人民大学出版社，2003，第 101 页。

9　刘义著：《全球化背景下的宗教与政治》，上海大学出版社，2011，第 27 页。

下，如果我们过分地讨论政体对宗教的作用就会导致对宗教事务的区别性对待，而这种区别性对待无论是否是优待，其对于宗教而言都是负面的，因为这就相当于宗教被政体特殊化了。因此对政治和法律上的要求不应当是出于宗教性目的，而是出于政治法律本身发展健全的需要，而宗教的世俗面与其他社会问题一样平等地受制于政体，同时反作用于政体。

二、国家安全与宗教自由

此外谈论到政体与宗教自由的关系时，我们还不得不提及中国一直以来尤为强调的"宗教团体和宗教事务不受外国势力的支配"问题，杨合理曾对此有一段详细的论述。其认为经过三十多年的改革开放，中国各种企业、事业单位、政府机关和个人，与世界各国建立了广泛的友好联系，特别是中国加入 WTO 以后，在经济全球化的进程中，中国各项闭关锁国政策有了重大突破，国外众多企业纷纷到中国投资、设厂，甚至有的外国财团在中国参与银行业和保险业的投资。同时，中国有众多企业和财团，纷纷到国外进行投资与经营。因此，宪法第 36 条规定的不受外国势力支配的原则，具有社会普遍性。一切与外国组织和机构有经济、政治、文化联系的国家机关、事业单位、企业、社会团体和个人，都有"不受外国势力支配的义务"。因此，在对外开放如此广泛的情况下，只对宗教如此规定，显然已经过时。同时，由于宪法第 54 条规定"中华人民共和国公民有维护祖国安全、荣誉和利益的义务，不得有危害祖国安全、荣誉和利益的行为"，第 55 条规定"保卫祖国、抵抗侵略是中华人民共和国每一个公民的神圣职责"，其基本内容和精神已经包括了第 36 条中"宗教团体和宗教事务不受外国势力的支配"的内容，所以，作为公民的一部分，宗教界人士遵照宪法第 54 条和第 55 条规定执行是完全可以的。[10]笔者基本认同这种观点，但杨教授在此并没有论及之所以在法律层面特别强调宗教问题"不受外国势力干涉"的原因所在。许多外国学者都曾委婉地对此规定发表看法，如俄罗斯学者 H.A.特洛菲姆丘克等曾言及，"中国法律对其国内外国传教士的活动进行限制，维护本国宗教团体的独立自主性。在许多方面它们不能与有关宗教信仰自由的国际性法规和西方宗教团体的要求

---

10 杨合理著：《论宗教自由的法律保障》，中州古籍出版社，2012，第 185 页。金晓伟也持类似观点，详见金晓伟：《宗教信仰自由界限的合理构造》，载《甘肃政法学院学报》，2016 年第 5 期。

及观念达成一致。中国政府将其合理地解释为担心国际基督教协会可能干预其国家内部事务"。[11]但需要注意的是，与此类似的规定并非只有中国才有，2000 年俄罗斯在对《俄罗斯联邦国家安全的概念》的修改中同样规定"保证俄罗斯联邦的国家安全也包括保护其……而且同样包括反对外来宗教组织和传教士的消极影响"，由此还引发了由欧洲人权法院审理的 Nolan and K v. Russia 案。[12]虽然最终法院认定俄罗斯政府败诉，但争论的焦点却并没有一个明确的标准，即如何认定"危害国家安全"以及特定的宗教行为是否会"危害国家安全"。有学者曾对宗教如何"危害国家安全"给出以下的界定：一是勾结和投靠国内外敌对政治势力，在地下或公开与执政当局对抗；二是伺机在政府要害部门培植亲信，安插骨干，非法窃取情报，以期在与政府的较量中抢占先机，乱政夺权；三是主张推翻"人的国"，建立"神的国"，由宗教信徒"管理国家，治理国家"，直接威胁国家安全和民族前途。[13]但仔细分析可以发现，这三种情况对宗教与国家安全之间的联系似乎极为有限。当然我们无法回避在诸多国际冲突当中宗教所占比重之大，如果更深层次地考察纯粹的种族或者民族冲突，可能发现其往往呈现出宗教冲突的元素，反之亦然。[14]刘义提到宗教并不像军队那样走在冲突的最前线，也不像政治家那样是冲突的决策者。然而，通过其意识形态和认同的功能，宗教却可以成为冲突的重要动员力量。概括来说，在全球化背景下政治认同实际上呈现了一个逐渐弱化的趋势，而宗教能够提供比民族国家更强的认同力量，使人们紧密地联系在一起。[15]有学者也强调，在新一轮的宗教复兴中，宗教发展不再拒绝政治或者其他非精神元素与宗教的接触，而将政治活动视为一种神圣使命纳入到宗教本身的活动当中，通过这一变化，世界主要宗教的影响力已经从影响个人

11　转引自〔俄〕M.O.沙霍夫撰，杜艳译：《信仰自由与国家干预》，载《宗教、教派与邪教——国家研讨会论文集》，广西人民出版社，2004，第 368 页。

12　欧洲人权法院，APP. No. 2512/04，Eur.Ct.H.R.，2009 年 2 月 12 日。转引自〔美〕德拉姆、〔美〕沙夫斯著，隋嘉滨等译：《法治与宗教：国内、国际和比较法的视角》，中国民主法制出版社，2012，第 243-247 页。

13　新言：《邪教危害国家安全》，载《国家安全通讯》，2001 年第 3 期。

14　〔美〕德拉姆、〔美〕沙夫斯著，隋嘉滨等译：《法治与宗教：国内、国际和比较法的视角》，中国民主法制出版社，2012，第 339 页。

15　Richard Falk，Religion and Humane Global Governance，New York and Hampshire：Palgrave，2001，pp.30-32.

精神信仰质变到影响更为宏大的全球政治走向，[16]正是全球变革导致的认同危机促使了宗教命题的凸显。但在有宗教介入的国家冲突中，冲突的本质乃是权力的争夺，只是冲突的形式体现为认同的战争，也就是说，宗教或许只能算作是国家关系的一个因素，却不是根本性的因素。[17]因为全球化背景下政治认同的弱化，才导致了宗教认同重要性的凸显，但正如上所说，宗教因素归根结底只是国家政治关系当中的一种具体体现形式，而不是根本的决定性因素，简而言之即宗教问题与其他社会问题一样在全球化的背景下被时代赋予了新的意义，那么所谓的"不受外国势力干涉"也就不应当作为对宗教问题的一个单独性规定。

当然，在做以上讨论时笔者并不是要否认宗教在思想文化、以至组织架构方面的跨国性与国际性，[18]如果笼统地将宗教完全置于政体之下势必会导致主权国家对宗教的无限制的干涉，以及宗教自身自发性的强烈反抗，天主教在中国的地下教会就非常具有代表性。但宗教的跨地域性与主权国家的地域限定性并不是完全对立的，如有学者就曾提及，"必须从更宽广的角度去认识罗马教廷，认识到它不仅代表世界上面积最小的政治实体即梵蒂冈，更代表世界上信众最多的宗教即天主教；故它的作用和影响，基本或主要不是在政治上，而是在宗教和伦理上，所以看待它和处理有关问题的角度，至少不应只是单一政治性的角度，而应有多重多维的角度"。[19]宗教的跨国性与国际性并不意味着宗教行为在国际上的无限制性，如果不以这个逻辑出发的话，那就必然会导致宗教与政治的杂糅不分。这也是下文强调政教分离原则的原因之一，宗教思想或文化的跨国性并不抹杀政治的国别分界，因为宗教行为而非宗教理念才是政体下主权国家所能限制之对象。因此笔者在本节所使用的标题为"主权国家与宗教自由"，即在讨论政体与宗教自由之间的关系时采用了一种狭义的理解，即以民族主权国家为基础的公民宗教形式。狭义的政体为宗教自由提供一个基础性的保障，这种保障与对公民其他基本权利的保障

---

16 罗楠：《"神"之归来：以新视角看宗教的全球政治影响》，载《世界与中国事务》，2015 年春季号。

17 刘义著：《全球化背景下的宗教与政治》，上海大学出版社，2011，第 94-95 页。

18 如有学者曾从词义、体系、目的等多个视角详尽地分析中国宪法中该条规定的实践问题，详见格竹：《中国宪法 36 条的规定及其瑕疵：文义、体系和目的分析》，载《宗教与法治》，2015 年冬季刊。

19 何光沪主编：《宗教与当代中国社会》，中国人民大学出版社，2006，第 400-401 页。

并无区别，而宗教自由在不同的政体之下必然表现出不同的形式。虽然在不同政体之下宗教自由之间的微妙差别并不是本文所要探讨的重点，不过需要指出，不同政体之下宗教自由之间的差别有时会导致政治冲突，但这本质上应当属于政治问题而非法律问题。例如 1998 年 10 月 8 日，美国第 105 届国会正式通过《1998 年国际宗教自由法案》，这个法案规定美国可以对自认为侵犯国际宗教自由的国家实施包括外交方式、经济制裁等 15 种措施。[20]对此法案理解的关键就在于该法案执行的域外效力问题上，尽管有学者指出这种域外效力非常有限，[21]但这种国内宗教自由权域外效力的赋予本身就是对政教分离的一种违背，其将"一种宗教文化和美国外交政策"[22]紧密地结合了起来。[23]如前文所述，宗教自由权作为一种世俗权利需要依附于主权国家的政体之上，因此这种权利如果产生了跨国家的域外效力，那其必然是与国家政治进行了某种程度的结合。从这个角度来讲，任何一个主权国家跨越其本国领域而对域外宗教自由的法律问题进行认定，或许指责方与被指责方都没有真正地履行政教分离及国家中立原则。[24]

20　张训谋：《美国<1998 年国际宗教自由法案>评述》，载《中国宗教》，1999 年第 3期。

21　王崇兴：《美国<1998 年国际宗教自由法>及对中媒关系的影响评析》，载《东南亚研究》，2005 年第 5 期。

22　杨卫东：《<1998 年国际宗教自由法>与美国人权外交》，载《求是学刊》，2010 年第 4 期。

23　对此可参见张凤梅、郭长刚：《美国国际宗教自由政策与伊斯兰》，载《宁夏社会科学》，2016 年第 1 期。如美国学者托马斯·法尔指出，《国际宗教自由法案》的执行遭到了国内外的双重抵制，首先最为重要的原因是来自外部的抵制。对于任何国家而言，宗教都是最敏感的国家事务之一，拒绝外部干涉是正常现象。这种态度在意识到美国力量渗透其中时尤其会得到强化。因此，各国对于美国推行宗教自由的做法进行抵抗是可以理解的。宗教涉及个人尊严和民族传统，这也意味着对于美国宗教自由政策的怀疑会始终存在。详见 Thomas Farr，"World of Faith and Freedom：Why International Religious Liberty is Vital to American National Security"，Oxford：Oxford University Press，2008，P.272.

24　值得注意的是，2013 年 8 月美国"信仰共同体倡议办公室"的成立，标志着美国不再专注于"宗教自由"，而是强调与海外宗教领袖与团体的交往，以此促进可持续发展和更有效的人道主义援助，促进包括宗教自由在内的多元主义和人权的发展。可参见张凤梅、郭长刚：《从"宗教自由"到"宗教接触"：奥巴马政府国际宗教自由政策的新转向》，载《上海大学学报》，2015 年第 2 期。

德国学者萨缪尔·普芬道夫曾有这样一段经典的论述，"如果教会的主权被确认，那么一个国家里就必然存在两个首脑的主权权力；臣民们将被强制承认关于信仰争议的教会裁决，同时以同样的方式承认其世俗统治者在公民事务中的权威。由于教会主权的范围与公民社会建立的范围不同，因而它就具有截然不同的性质，构成了一种特殊的主权。如果这两项主权恰巧集中在一个人身上，他就同时主宰我们的生命和良心；但如果教会主权由另一个人行使，那么或者同时承认他以其自身的特权即拥有实施其法令的权力，或者他只拥有宣判的权力，而把执行权交给世俗统治者。如果是前者，那么具有双重身份的主权必然会在行使过程中遇到极大的不便和扭曲；如果是后者，那么国家中的实施主权者必然被贬低为教会神圣裁决者的执行人"。[25]因此，任何宗教都并不能够成为一种世俗的主权，宗教相对于世俗政权应当保持着一定的独立性。而这种独立性绝非行为上的独立性，因为能够对他人、社会乃至国家产生影响或作用的行为本身就是世俗政权所要规制的对象，那么这种独立性就应当是一种理念上的独立，国家应当远离对任何宗教理念的克制或利用，因为无论是以上哪种情况，都很难避免宗教与世俗政权之间最后的单一胜出。

第二节　政教分离及国家中立原则

一、政教关系的不同类型

如上文对主权国家与宗教自由部分中所讨论的，对两者之间关系的一个核心性问题即"该给属于教会事务的神职人员秩序设定什么样的界限，这就如同要决定主权权力在宗教事务中可以扩展到多远。如果它们中的任何一个逾越其边界，势必引起教会或国家中严重的权力滥用、骚乱和压迫"。[26]简单来说，就是在承认一个主权国家的前提下，如何处理具体的政教关系问题。很多人都谈到教会和国家之间的相互独立，但这个词强调的不仅是业已存在的自由，而且也强调彼此关照，至少要求双方接受彼此的存在。[27]关于世界上

---

25 〔德〕萨缪尔·普芬道夫著，俞沂暄译：《就公民社会论宗教的本质和特性》，上海三联书店，2013，第80页。

26 〔德〕萨缪尔·普芬道夫著，俞沂暄译：《就公民社会论宗教的本质和特性》，上海三联书店，2013，第1页。

27 〔德〕罗伯斯主编，危文高等译：《欧盟的国家与教会》，法律出版社，2015，第4页。

各个国家的政教关系学界已有较多论述，如刘澎认为主要可以分为四种不同的类型：[28]

（一）政教合一型：政教合一是指宗教权威与世俗权力的高度统一。在这种模式中，宗教领袖同时又是国家首脑，政教同体。宗教教义与宗教法典同时就是国家的法律，宗教利益与国家利益完全一致。国家的行政、司法、教育完全受宗教指导。宗教领袖对制定国家的内外政策拥有绝对权威，政府的一切活动都要体现宗教原则，维护宗教利益。

（二）政教分离型：国家不支持、不禁止和歧视任何宗教。政府不干预宗教组织的事务，政府内不设管理宗教事务的行政机构。国家不征收宗教税，也不向任何宗教组织提供任何形式的财政补贴，涉及宗教的开支也不得列入国家预算。宗教组织不干预国家的司法、行政、教育，也不接受政府的政治指导。政教关系完全由法律调节。

（三）国教型：国家以某一种宗教或教派为正统信仰，其政治、社会地位高于其他宗教或教派。国家领袖不是宗教领袖，但宗教领袖在国家政治生活中享有特权地位。国家从各方面鼓励和支持享有特权地位的宗教，包括提供财政上的支持。宗教组织对政府的行政、司法、教育等方面的工作享有监督指导权。政府设有专门负责宗教事务的机构和官员。

（四）国家控制宗教型：国家权威高于宗教，政府通过行政管理机构控制宗教，宗教组织必须接受国家的政治指导，但不能干预国家的行政、司法和教育。对于不接受政府政治指导或不与政府合作的宗教、教派，国家不承认其合法性。宗教组织的活动完全置于政府的监控之下。政府与宗教组织的关系是政治上的领导与被领导的关系。在财务与人事上，宗教组织虽然具有相对的独立性，但受政府监管。[29]

---

28 刘澎：《世界主要国家政教关系的模式比较》，载《国家·宗教·法律》，中国社会科学出版社，2006，第 10-12 页。其他的分类形态可参见蔡秀菁：《宗教政策与新宗教团体发展》，真理大学硕士学位论文，2006，第 45-47 页；罗楠：《"神"之归来：以新视角看宗教的全球政治影响》，载《世界与中国事务》，2015 年春季号。

29 黄鑫认为现代意义的政教分离主要是从三个方面理解，分别是禁立国教；宗教组织和国家机构分离，教会与政治权力分离；国家的法律、政策、命令等一律不针对任何特定宗教。详见黄鑫：《对中国制定宗教基本法之主张的检视》，载《北方民族大学学报》，2016 年第 2 期。如果从这个角度来看或许国家控制宗教形态并没有违反政教分离原则，因为国家对宗教的管控并不是针对某一特定宗教，而是面向一国政

通过这几种类型的对比不难看出，除了政教分离型国家以外，其他类型的国家均不符合宗教自由当中的另一重要原则，即国家中立原则。[30]美国1947年 Everson v. Board of Education 案的判决中有一段针对"禁止确立宗教"或者说是政教分离原则的经典阐述，"第一修正案中的'禁止确立宗教'条款至少意味着：无论是州还是联邦政府，都不能建立一个教会。他们都不能颁布援助一个宗教或所有宗教，或让一个宗教处于优越于另一个宗教之地位的法律。它们都不能违反个人的意志，强迫他去或者不去教会，或者强迫他宣称信仰或者不信仰某种宗教。任何人不应因宣称信仰或者不信仰宗教，参加或不参加教会而受到惩戒。无论税额大小，都不应向任何人征税并用以支持任何宗教活动或机构，而无论它们可能是怎样的称谓，它们采取何种形式去讲授或实践宗教。无论是州还是联邦政府，都不能公开或秘密地参与到任何宗教组织或团体的事务中去，反之亦然。用杰弗逊的话说，禁止以法律确立宗教的条款旨在建立'在教会和政府间的分离之墙'"。[31]除却世俗价值与宗教价值在一定程度上的不相融性，一旦政治权力与宗教事务进行了结合就不可避免地会发生政治权力与某种或某几种宗教联系更为紧密的情况，这种情况的出现毫无疑问是对其他宗教的一种差别性对待。如国家控制宗教型即意味着利用国家机器推行某种官方正统意识形态，对于与政府合作的宗教组织予以承认、保护，对不合作者予以打击。[32]从这个角度上说，除了政教分离之外的其他三种类型，都可以被视为广义上的政教合一型国家。而尽管各国情况千差万别，但到近现代，政教分离已经成为主流模式。[33]

权内的所有宗教。国家从行政角度对一国范围内的宗教事务进行管理是没有问题的，但这种管控应当局限在宗教事务领域。相反如果一国政权以某种非宗教的意识形态凌驾于所有宗教意识形态之上，那么无疑是以政治力量实施对宗教信仰的侵犯。

30 有学者认为国家中立原则的外延要比政教分离原则更大，如许育典认为国家的中立性意味着，国家在自由多元而开放的社会中，对其多元存在且互具竞争性之各式各样文化事务的开展、接受或支持，应自我节制，详见许育典著：《宗教自由与宗教法》，元照出版公司，2005，第78页。笔者赞同许育典的观点，但在本文中所使用的国家中立原则表述仅限于宗教自由层面的具体表达形式。

31 Everson v. Board of Education，330 U.S. 1（1947）

32 刘澎：《世界主要国家政教关系的模式比较》，载《国家·宗教·法律》，中国社会科学出版社，2006，第12页。

33 顾肃：《充分认识宗教与政治关系的复杂性》，载《江苏社会科学》，2006年第4期。

二、政权与教权的勾连

许多学者在阐述政教分离原则及国家中立原则时往往将两者视为保障宗教自由的两个并行的原则。如刘祎认为，由政教分离原则进一步衍生出国家的宗教中立原则，作为由宗教自由基本权利之客观价值秩序面向所导出的规范国家行为的原则，其与政教分离原则一样成为许多国家保障宗教自由的一般法原则。[34]再如许育典认为，在绝对的政教分离原则下，国家行为被强烈地要求，应排除在宗教生活领域之外。然而，在现今社会生活及国家任务的复杂情况下，国家行为绝对不可能完全不介入人民的任何生活领域。在这种情况下，宗教中立性原则取代了政教分离原则的传统地位。[35]也就是说，政教分离不是一种"严格分割"，政教分离不是教会与国家之间再也不存在任何干系，这两种毫无干系的理念并不符合社会与政治的实际。[36]因此按照国家中立原则的规定，国家作为一个公共机构，自然不拥有将自己的意志强加于人的权力，尤其是对相互共存、教义不同的宗教而言，不能在立场上有所偏颇，而应当保持中立立场，平等地对待不同的宗教。这其中具体又可分为两个层次：首先，国家的宗教中立性意味着，国家不能对有关宗教认同的信仰事务加以侵犯。国家的宗教中立性乃是相对于人们信仰价值的多元性，而对国家所作的限制；其次，国家宗教中立性是指国家对于人们处在不同的宗教信仰之间，负有使人们获得宗教信仰自由实现的多元信仰空间的保护任务。[37]即国家中立并不仅仅意味着国家在宗教与非宗教之间的中立（狭义的政教分离），[38]还包括在宗教与宗教之间的中立（广义的政教分离），在法律实践当中则意味着国家无权也无法判断具体某个关于神的观念适当与否。在案件中，法院应避免去追问"特定信仰或基于信仰的行为的意义；或当事人对这些教义解释的有效性"等诸如此类的问题。法院应该谨守中立，而不应当去评价某个宗教或

---

34 刘祎著：《宪法与宗教的对话：论宗教自由之宪法图像》，知识产权出版社，2012，第280页。

35 许育典著：《宗教自由与宗教法》，元照出版公司，2005，第238页。

36 〔德〕罗伯斯主编，危文高等译：《欧盟的国家与教会》，法律出版社，2015，第278页。

37 杨合理著：《论宗教自由的法律保障》，中州古籍出版社，2012，第109-110页。

38 如尤伯祥认为政教分离原则是中立性概念的核心，详见尤伯祥：《宗教自由之权利内涵研究》，政治大学硕士学位论文，1998，第66页。

某种思想重要与否，有价值与否。[39]而无论政教分离原则还是国家中立原则，都并不是指将国家完全排除在必然包含宗教性的社会生活之外，而只是严禁国家单独因宗教问题而对社会生活进行有强烈指向性的管理或规制。那么按照这个逻辑，只有政教分离的国家才能做到宗教层面的国家中立，而如果一个国家符合了宗教层面的国家中立原则，那么其必定是政教分离的。因此，在本文的论述中，笔者倾向于将政教分离原则与国家中立原则视为相通的同一原则对待进行讨论。

根据许育典以及杨祎的归纳，政教分离及国家中立原则可具体表现在六个方面，第一，国家应避免对宗教团体或宗教信仰进行一般化定义，更不能在法律上以枚举的方式划定宗教及宗教团体的范围；第二，国家不得以科学文化教育的名义，否定特定宗教信仰的内容；第三，国家不得介入宗教团体之间宗教信仰、宗教教义的论争；第四，国家不得干涉宗教团体运作的相关事项；第五，宗教信仰的因素（如选择加入某宗教团体），不得作为人民享有权利、负担义务的差别根源；第六，国家负有使人民获得宗教信仰得以自由开展的多元信仰空间的保护和建构义务。[40]此外，就国家宗教中立性原则来说，国家不仅禁止设立宗教，也不得特别辅助任何宗教团体。即国家在宗教层面的中立应当是一种消极的中立，这与宗教自由作为一种消极自由是相通的。国家作为外部的第三人，积极就国家公权力与基本权主体之间的宗教自由问题，纳入内部或从外部做出决定，达成统一性，似有干涉人民内心信仰、属灵事务的嫌疑。[41]因而，宗教团体的运转，无论是供应宗教仪式的经费、行政运转的维系、宗教建筑物的建置、医疗救济的负担或慈善事业的经营等，大多需要依靠信众或其他民间捐助。这也属于宗教团体自治的内容，国家必须保持中立，不能介入。

以日本的津市地镇祭诉讼案和爱媛玉串费诉讼案之间的比较为例。津市地镇祭诉讼案的基本案情为，1977 年日本三重县津地市政府因其所属的市立体育馆举行开工典礼，乃循礼俗，依照神道方式进行仪式，因而以公款购买

---

39 杨合理著：《论宗教自由的法律保障》，中州古籍出版社，2012，第 124 页。

40 许育典著：《宗教自由与宗教法》，元照出版公司，2005，第 128-130 页、第 238-239 页；刘祎著：《宪法与宗教的对话：论宗教自由之宪法图像》，知识产权出版社，2012，第 285-287 页。

41 马纬中：《法与宗教之研究：论现代法治国下的宗教自由》，中兴大学硕士学位论文，1997，第 94-96 页。

公物并支付主祭神职人员谢礼合计日币 7663 元，同市市议员某君认为市长以公款资助宗教，有违宪法第 20 条、第 89 条之规定，以市长为被告依法提起诉讼，请求损害赔偿。虽然作为二审法院的名古屋高等法院做出了违宪判决，但最高法院认为"宗教不仅具有信仰之个人内心事面向，同时也经常伴随有涉及极多层面之外部社会事项面，在此一方面，因与教育、福利、文化、民俗习惯等广泛层面均与社会生活有所接触，从而当然归结出国家对于社会生活施加规制，或实施有关教育、福利、文化等之资助、援助等各项政策措施时，不免与宗教产生关联性"，最终推翻了二审判决。[42] 不难看出，在最高法院的这一判决中采取了"依社会通念"的评判标准，即"宗教活动必须是比照日本社会、文化诸条件，认为当该行为与宗教的牵连，与确保宗教自由制度的根本目的关系上，逾越了适当的尺度"时方违反政教分离原则。[43] 问题是这种"依社会通念"的标准恰恰违背了政教分离原则的初衷，此处的"社会通念"将神道教与社会文化进行了司法判定上的勾连与结合，这种法律裁定上的"社会通念"在一定程度上淡化了神道教作为一种宗教的背景色彩。虽然日本学者百地章曾提出，日本已进入高龄化社会，宗教团体或许可以有效提供该身体以及心灵上等之照料，政府在此得以适当放宽政教分离之严格立场，进行给予适当且便利等措施。[44] 但这里存在一个明显的概念替换问题，政府不得资助特定宗教进行社会福利行为与不得禁止任何宗教从事社会福利行为是并行的，一旦政府有选择性地资助特定宗教，那么该宗教较之其他宗教就明显地增添了"官方扶持"的色彩。因此即使面对有指向性的社会问题，政府也只能以世俗的角度开放性地允许各类社会组织进入，这其中当然就包含宗教组织，而绝不能仅仅以宗教组织作为局限性的选择对象。世界各国的"社会文化"中都或多或少存在宗教性的融入，但从法律视角而言，司法裁判者绝不是也不应该是认定某种宗教是否能够成为"社会通念"的决定者，这种认定不仅仅对于非宗教信仰者是一种潜在的宗教强压，更严重的是这种行为通过法律认定的方式进而对他种宗教信仰实施实质上的排斥。如藤林益三等持反对意见的法官们指出，该开工仪式具有浓厚的宗教色彩，其效果是

---

42 《日本国最高法院裁判选译·第一辑》，（台湾）司法院，2002，第 175-180 页。

43 赵立新著：《日本违宪审查制度》，中国法制出版社，2008，第 191 页。

44 转引自翁城都：《宗教自由与政教分离关系之研究》，中正大学硕士学位论文，2012，第 86 页。

优待了神道，并造成了对神道的援助结果。即使费用开支不多，没有强制一般市民参加，也侵害了少数者的人权。[45]也就是说，国家公权力作为宗教自由的基本义务主体，必须保持严格的克制义务。

再观之爱媛玉串费诉讼案，日本爱媛县知事白石春树于 1981-1986 年间，于靖国神社春秋大祭之际，以玉串费（9 次）与献灯费（4 次）之名目支出公款共计 76000 日元给神社，并于爱媛县护国神社的春秋慰灵大祭时，以供奉费（9 次）的名目支出公款共计 9 万日币给该神社。据此，遭到该县居民以地方自治法之规定提起损害赔偿住民诉讼。相比津市地镇祭诉讼案，日本最高法院在此案中适用了更为严格的审查标准，其认为"本案公款支出之目的难免具有宗教意义，且可认定其效果为援助、助长并促进特定宗教者"，因此最终判定该公款支出为违法行为。[46]反观这种政府资助特定宗教的情况在中国似乎更为严重，据统计，自 1980 到 2000 年，从中央财政拨给寺、观、庙堂的维修补助费（包括专项补助费）就达 1.4 亿元以上，对此已有相当多的学者对中国地方政府推动或资助特定宗教场所的修建提出质疑与批评。[47]虽然从文物保护角度而言，国家支持宗教造像是有一定道理的，[48]但其界限也是应当予以明晰的。因为在某种程度上说对宗教场所的文物化认定并不是对宗教的保护，反而是对建筑物宗教性的剥离。[49]如美国 1990 年 St.Bartholomew's Church v. City of New York 案中，纽约市界标维护委员会于 1967 年将圣巴肖罗缪教堂和与其相邻的社区之家指定为"界标性建筑"，禁止任何未经政府同意的变更或毁坏。因而 1983 年，该教堂几次提出申请希望将社区之家代之以一座大型办公楼都遭到拒绝，同时也没有得到巡回法院的支持。[50]国家应该代表全体国民的利益，而不是某一宗教的利益。政府一旦介入到对宗教的支持或压制之中，就丧失了其公共代表的超然地位，其结果往往适得其反。[51]一个依靠国家

---

45 赵立新著：《日本违宪审查制度》，中国法制出版社，2008，第 189 页。

46 《日本最高法院裁判选译·第一辑》，（台湾）司法院，2002，第 231-232 页。

47 韩大元：《试论政教分离原则的宪法价值》，载《法学》，2005 年第 10 期。

48 杨合理著：《论宗教自由的法律保障》，中州古籍出版社，2012，第 138 页。

49 需要指出，不排除某些政权在对一些对宗教建筑物做出认定时，会受制于各方力量的博弈，更并非从世俗角度出发。可参考台湾大安森林公园观音像事件，详见王振中：《论当代台湾宗教自由变迁》，真理大学硕士学位论文，2012，第 50-55 页。

50 St.Bartholomew's Church v. City of New York，914 F.2d 348（2d Cir.1990）

51 刘澎：《世界主要国家政教关系的模式比较》，载《国家·宗教·法律》，中国社会

权力豢养的宗教组织，其实已经丧失了它本身的宗教意义。[52]此外这种对特定宗教的财政支持也极易造成不同宗教之间的教际冲突。

反过来从政治的宗教需求角度看政教关系，这种角度在历史研究中相对较为突出。以往政治与宗教的结合往往也是政治合法化的一种神圣性需要，宗教是人类历史上流传最广、最为有效的合理化工具，宗教通过赋予社会制度终极有效的本体论地位，即通过把它们置于一个神圣而又和谐的参照体系之内，从而证明了它们的合理。[53]再加之"民族一定程度的宗教性与宗教一定程度的民族性"，[54]这种现象就更为明显。当今社会，政治的合法性当然已不再需要神性的加持，但政治对宗教的需要仍然存在，其主要表现在政治认同中的宗教色彩上。使问题变得更为尖锐的是，近年来世界各地的民族问题表现出进一步复杂化和极端化的倾向，而且常常与宗教问题交织在一起。冷战结束后，宗教问题在国际和国内政治中占据了越来越显著的位置。[55]民主政治不可避免地给大众以更大的决断权，而在大众的生活中，宗教继续起着比在激进的精英分子的生活中重要得多的作用。新民主政治中聪明的世俗政治家十分清楚，他们必须重视民众的宗教感情，包括他们自己阵营中人的宗教感情。[56]如刘义就曾提到，跨国宗教联盟，尤其是伊斯兰和基督教的宗教群体，很可能会超过甚至取代国家、民族和地区的忠诚，而成为最主要的认同体系，[57]台湾学者钟秉正也曾指出政治势力或多或少利用宗教的影响力来达到其政治目的。[58]那么从法律上，或者说从法治社会的角度去确立政教分离原则就是避免在政治认同构建中过多地掺杂宗教因素的必然途径，对政治认同与宗教

科学出版社，2006，第 15 页。

52　刘祎著：《宪法与宗教的对话：论宗教自由之宪法图像》，知识产权出版社，2012，第 274 页。

53　〔美〕彼得·贝格尔著，高师宁译：《神圣的帷幕：宗教社会学理论之要素》，上海人民出版社，1991，第 36 页。

54　李德洙、叶小文、龚学增：《高度重视当代世界民族宗教问题》，载《宗教与民族》（第 3 辑），宗教文化出版社，2004，第 10 页。

55　王缉思、唐士其著：《多元化与同一性并存：三十年世界政治变迁（1979-2009）》，社会科学文献出版社，2011，第 73 页。

56　〔英〕霍布斯鲍姆著，林华译：《断裂的年代：20 世纪的文化与社会》，中信出版社，2014，第 200 页。

57　刘义著：《全球化背景下的宗教与政治》，上海大学出版社，2011，第 91 页。

58　钟秉正：《宪法宗教自由权之保障》，载《玄奘法律学报》，2005 年第 3 期。

认同的分离正是政教分离原则的关键，这也正是前文中笔者所提到的世俗价值与宗教价值在一定程度上的不相融性的必然结果。从这个角度来说，政教分离原则及国家中立原则的另外一个内在要求即是对宗教政治化以及政治宗教化转变的抑制。以政治伊斯兰为例，刘义认为政治伊斯兰作为一种宗教运动，正是反映了对于主导性的全球化意识形态及其后果的不满，并试图以自己的宗教观念为基础来建立一种新的世界秩序。而这其中，作为现代政治秩序主要基础的民族国家和世俗民族主义就成为其主要的敌人。尤其是，因为伊斯兰在当代全球秩序中的不利地位，反西方化也成为这一新秩序的重要内容。在这一过程中，伊斯兰被政治化了，并逐渐蜕变为一种政治斗争的工具。从一个全球层面讲，伊斯兰成为一支重要的政治势力。[59]如欧洲人权法院审理的繁荣党等诉土耳其案，1997 年 5 月，土耳其首席国家律师向土耳其宪法法院起诉，要求解散繁荣党，指控包括：其领导人在学校推崇穿戴伊斯兰头纱；其敦促支持党派并声称只有其党派能够通过圣战建立起《古兰经》至高无上的地位。繁荣党的其他领导人则号召以神权的法律体系取代世俗的政治体系。1998 年 1 月，宪法法院解散了繁荣党，没收其财产并禁止其领导人几年之内在其他党派中担任职位。这一解散决定发布后，繁荣党以及其一批领导人向欧洲斯特拉斯堡法院提交了起诉申请，但 2001 年欧洲法院做出了繁荣党败诉的裁决。[60]正如土耳其宪法法院所称，做出该裁决是基于世俗主义是民主必不可少的条件之一。[61]世俗政权的统治与管理必须严格保持其世俗性的边界，之所以有这种将宗教认同纳入世俗事务的尝试，其原因就在于宗教认同在一定程度上会强化政治认同，进而造成两者之间的无区隔性。概括地说，这里存在一个意识形态斗争的扩大化问题，政治权力斗争中并不一定都存在意识形态之争，但包含意识形态之争的政治权力斗争却注定要格外激烈。如果说宗教宽容是阻止这种意识形态之争政治化的道德要求的话，那么政教分离及国家中立原则则是一个法律层面的必然要求。宗教领域内的意识形态之争一旦上升到政治领域，那么就已经不再从属于宗教自由的范畴，而变成了一个权

---

59 刘义著：《全球化背景下的宗教与政治》，上海大学出版社，2011，第 120 页。

60 欧洲人权法院，App.Nos.41340/98，41342/98，41344/98，2003 年 2 月 13 日。转引自〔美〕德拉姆、〔美〕沙夫斯著，隋嘉滨等译：《法治与宗教：国内、国际和比较法的视角》，中国民主法制出版社，2012，第 574-579 页。

61 关于土耳其的宗教自由问题可参见安娜撰，徐卉译：《土耳其的宗教自由与基督徒》，载《世界宗教文化》，2015 年第 1 期。

力争夺的问题。因此，在政教分离及国家中立原则下的宗教多元化是防止宗教意识形态政治化的一个有效的解决方案。

此外，有学者认为政教分离并非禁止宗教团体之政治活动，而是规范国家公权力的行使，要求其不得介入宗教活动或支持特定宗教，[62]个人或宗教团体则是可以在政治社会中发起组织和运动，只要他们的行为不对其他公民的自由产生消极影响，或违反民主和法律。[63]笔者对此略有不同意见，事实上政教分离及国家中立原则不仅仅是对国家公权力的约束，从更深层次来看其是为了区隔宗教价值体系与政治、法律价值体系之间的过渡掺杂，如果仅反对政治对宗教的引入而允许宗教对政治的侵袭，那么是很难区分两者之间的异同的。仍然以政治伊斯兰为例，因为包含了过多的宗教意识形态，作为政治势力的政治伊斯兰更多的表现为一种社会抵抗力量，而不是积极的建设力量，这也造成了所谓"政治伊斯兰的失败"的命题。[64]尽管当代宗教政治化或政治宗教化的互换趋势为我们对政教分离原则的确立制造了诸多麻烦，但对宗教与政治的分离仍然是有标准可循的，而在众多的标准之中，以"行为"而非"身份"的判定标准则最值得参考。即对以"宗教"名义来表述的"不同政见"或出现的非法活动，应将之视为"政"而不是"教"，从而以政治的睿智和手段将之从宗教中"拉出来"进行治理、规范，由此防止有人以"宗教自由"之名来行"政治放任"之实。这样，"政治的归政治"、"宗教的归宗教"，所需依法管理的是其在公共领域的"行动"，而不是看实施行动者有什么主体"身份"。[65]这也是笔者一再强调的以世俗的视角看待宗教行为，保障宗教行为之世俗权利、约束宗教行为之世俗义务的观点所在。

三、个人权利在政教关系中的凸显

以上所言的政教分离及国家中立原则应当是从政党或宗教教派的整体角度出发，如果是在个人领域这种情况的分析路径则略有不同。以神职人员可否出任公职为例，成立美国的十三个州中的七个以及后来的其他六个州中都曾有从

---

62 许庆雄著：《宪法入门》，元照出版有限公司，2000，第 82 页。

63 Alfred C. Stepan, "Religion, Democracy, and the 'Twin Tolerations'", Journal of Democracy, Vol. 11, No. 4, 2000, pp37-57.

64 刘义著：《全球化背景下的宗教与政治》，上海大学出版社，2011，第 124 页。

65 卓新平著：《"全球化"的宗教与当代中国》，社会科学文献出版社，2008，第 240-241 页。

政治职位上排除神职人员的法律。[66]1974 年后，唯一尚存的禁令是田纳西州针对"福音牧师"在州立法机关中工作或担任制宪会议代表的禁令，在 1978 年的 McDaniel v. Paty 案中，最高法院判决这种禁令无效。[67]在判断一个人能否胜任一项政府公职时是不应该从其宗教性或非宗教性的角度出发的，没有人能够仅仅因为其不信仰宗教而获得政府公职，当然也不应该有人仅仅因为其信仰宗教而丧失出任政府公职的机会。当然笔者并不否认一个有宗教信仰的人会因其宗教信仰而在处理一些世俗事务时有一些存在倾向性的考量，以往禁止神职人员出任公职的最主要原因也是在于如果神职人员"被选为公职人员，他们必然会发挥其权力和影响力推进某个教派的利益或者阻碍其他某个教派的利益"。[68]但事实上每一个个体人的价值观都不会是完全相同的，每一个人的价值标准都会影响到其行为活动的表现，所以尽管一个人没有宗教信仰，我们也不能判断其价值观、道德观会在个人的行为活动中有何种强度的影响。因此，政教分离及国家中立原则的一个主要功能即保证政府不可以对一种宗教、几种宗教或全部宗教进行特别性规制或赋权。也就是说，在政教分离原则之下，政府的公职人员无论具备何种宗教信仰，他都不会遇到专门针对宗教问题的行政性工作。德国联邦宪法法院于 1976 年判决的不来梅福音教会案尤为具有代表性，该教会规定其所有牧师在被选任某一公职机构职位时，其在职期间需从牧师岗位上离任。不来梅宪法法院认为，该规定违反了德国宪法中"被选入德国议会的人员不得因为他们服务议会的意愿而被从其原有职位上解雇"的条款。而后德国联邦宪法法院推翻了这一决定，认为教会相对于其他大型社会团体而言，同政府间承担着一种完全不同性质的关系，同样法院不应当干预教会的内部事务。因此出于对宗教自治的尊重，教会法要求牧师在出任公职的时候不得同时担任神职的条款应当得到支持。[69]当政府对于政教分离保持最谨慎的克制义务时，在理论

---

66 Philip Hamburger, "Separation of Church and State", Cambridge: Harvard University Press, 2002, PP.79-83.

67 McDaniel v. Paty, 435 U.S. 618（1978）

68 〔美〕德拉姆、〔美〕沙夫斯著，隋嘉滨等译：《法治与宗教：国内、国际和比较法的视角》，中国民主法制出版社，2012，第 564 页。王秀哲也认为，"即使是当代强调政教分离的国家，有宗教信仰的个人通过公民政治权利的行使，也可能影响一国的政治，社会上有影响力的宗教团体的活动对政治的影响更为深刻。"详见王秀哲著：《成文宪法中的宗教研究》，中国民主法制出版社，2014，第 45 页。

69 〔美〕德拉姆、〔美〕沙夫斯著，隋嘉滨等译：《法治与宗教：国内、国际和比较法

上原本就不应当遇到处理宗教事务的情形。当然笔者也认同那些有宗教信仰的政府首脑参与宗教活动时，还是应当在一定程度上保持世俗公职的恪守义务。刘祎曾对此有详细的论述，其认为依据政教分离原则考量，若首长个人以教徒身份参加所属宗教团体之活动，乃属宗教自由范畴，应无问题，但应严格避免政治连带。若宗教活动非与政府官员本身信仰有关，或活动本身又和政治有所关联，则政府首长不宜参加。严格来说，政府首长若不以教徒身份就不应出席宗教活动，更不应以首长身份发表讲话，即使是参加所属的宗教团体的活动，也不能以首长身份致辞。由于政府首长并不能任意放弃其公职身份，因此，严格来说，政府首长不应在宗教仪式中发表任何谈话。因为，一方面，政府首长的身份具有很大的权威性，是全民和国家所赋予的，如果首长出席某宗教活动甚至发表讲话，那就会使得该宗教团体获得了首长权威身份的照顾，这无疑违反了宪法所赋予各宗教的平等权。另一方面，政府首长乃是世俗国家的领袖，并不是宗教领袖，如果贸然参与宗教活动甚至发表谈话，也就破坏了政治和宗教间的区隔，破坏了政教分离原则。[70]

　　与此类似，在中国语境之下的政教分离及国家中立原则还有一个争议很大的问题，即中国共产党员可不可以信仰宗教，对此已有不同学者发表见解。[71]以一个更为广义的角度来说，这涉及到成为某种团体尤其是政治团体成员应否受到宗教考察，即职业、团体成员资格附带宗教考察是否违背宗教自由。争议的核心点即在于公民通过选择是否加入共产党来实现选择是否信仰宗教，到底是否符合宪法所规定的宗教信仰自由。有学者提到，公民有结社的自由，参加和退出某一社团组织具有主体自愿性，因此符合作为宗教信仰自由精神层面的重要自由之择教自由。因此，面临此种权利冲突时，只要是出于其自愿都不是对另一自由的限制。为成为某种团体成员而放弃宗教信仰自由，或者为成就宗教信仰自由而放弃成为某一团体成员并不是矛盾的。[72]但这里有一个明显的逻辑问题，即同样作为宪法中公民的基本权利，可以用一种基本权利去否定另一种基本权利吗？用一个简单的比喻，如果某一个宗教团

的视角》，中国民主法制出版社，2012，第 564-565 页。

70　刘祎著：《宪法与宗教的对话：论宗教自由之宪法图像》，知识产权出版社，2012，第 268-269 页。

71　杨合理著：《论宗教自由的法律保障》，中州古籍出版社，2012，第 187-190 页；闫莉著：《宗教信仰：自由与限制》，社会科学文献出版社，2012，第 63-64 页。

72　闫莉著：《宗教信仰：自由与限制》，社会科学文献出版社，2012，第 53 页。

体规定，只要加入了该宗教团体，那么作为团体成员就不再享受宪法所规定的任何政治权利，包括选举权与被选举权，这样可以吗？用更简单的话来说即中国共产党的党章规定是否可以否认宪法赋予公民的宗教信仰自由权利。答案无疑是否定的，作为宪法所赋予的公民基本权，宗教自由尤其是宗教信仰自由是不应当有任何限制的，无论是政党还是社会团体都没有剥夺公民基本权利的权力。因此中国共产党员不可以信仰宗教的政策规定可能涉及到违宪的问题。也就是说，政教分离及国家中立原则的针对对象是国家政府、政党以及宗教教派，而非公民个人。

四、教育领域的政教分离及国家中立

政教分离及国家中立原则的另外一个延伸即宗教自由在教育领域、尤其是国家公立义务教育领域中的表达。学界一般认为国家公立教育机构作为公权力代表的一种延伸不应涉及宗教教育内容，比较典型的如日本宪法第 20 条后段规定"国家及其机关，不得从事宗教教育及其他任何宗教活动"，日本教育基本法更详述了宪法条文的意义，规定日本有关国立、公立学校之宗教课程即受政教分离原则之拘束，禁止国家为特定宗教目的之宗教教育，但传授与宗教在一般社会生活上的技能有关的知识，或为养成宗教宽容所为的宗教教育不在禁止之列。[73]此方面具体的司法实践以美国 1963 年的 School District of Abington Township v. Schempp 案为例，宾夕法尼亚州在 1959 年制定法案，要求学生每日阅读未加批注的圣经至少十节以及主祷文，但是如果家长或监护人提出书面申请，其子女就可免除参加圣经的阅读。一部分父母对此提出告诉，其认为虽可为子女申请免于读经，但不读经的学生却会在一定程度上成为少数群体而遭到不利影响。最高法院最终裁定宾夕法尼亚州的此项规定违反了宪法确立国教的条款。[74]正如原告方所告诉的，该案的核心并不在于学生及其监护人是否享有申请免于读经的权利，问题的关键在于州以法案的形式规定了学校在某一种宗教上的教育宣传之许可，这与前文所例举的私企业主之传教权与员工之选择权有明显的不同。再如美国 1987 年的 Edwards v. Aguillard 案，路易斯安那州法律规定"在公共学校教育中应平等对待创世论

---

73 〔日〕阿部照哉等著，周宗宪译：《宪法·基本人权》，中国政法大学出版社，2003，第 141 页。

74 School District of Abington Township v. Schempp，374 U.S. 203（1963）

和进化论"，该创世学说法令禁止在公立学校中教授进化论，除非同时教授创世论。基于此，进入公立学校儿童的家长、路易斯安那州的教师以及宗教领导人对这项法令的合法性提出质疑。区法庭的判决认为创世学说法令由于禁止讲授进化论，并出于推进某种特殊宗教教义的目的要求讲授创世论，违反了宪法，上诉法庭维持了原判，联邦最高法院也同意了该判决。[75] 政教分离及国家中立原则不仅仅是指宗教信仰者与非宗教信仰者之间的中立，同时也意味着国家在不同宗教之间的中立。这一原则延伸到教育领域即国家不能以具有强制力的方式向学生灌输关于宗教的某一种特定观点。该案中的一个核心问题是创世学说法令以具有国家强制力的方式将进化论与创世论进行了宗教与非宗教的二元化区分，这种划分明显缺乏正当性，这也就将原本没有宗教倾向性的进化论打造成了与创世论针锋相对的非宗教观点。因此笔者认为对该案的判决其实并不在于学校是否应该教授进化论，而是州法律不应该将进化论作为创世论的对比参照物进行非宗教化的学说论证，而使学校在教育内容上必须做出一个宗教与非宗教的选择。

中国也存有类似的案例，2004 年 9 月 12 日，福建律师丘建东向成都武侯区法院提起诉讼，认为他在四川大学网络教育学院学习期间，该院的教材《马克思主义哲学原理》第 178 页关于"宗教在本质上是麻醉劳动人民的精神鸦片"的陈述，对他的宗教信仰自由构成伤害。他认为四川大学这一选编教材的论断，违反了宪法第 36 条"公民有宗教信仰自由，任何国家机关、社会团体和个人不得强制公民信仰宗教或不信仰宗教，不得歧视信仰宗教的公民和不信仰宗教的公民"。他要求四川大学赔偿精神损失费 1.00 元，并对教科书内容进行书面更正。9 月 28 日，法院裁定此诉求不在民事诉讼受理范围内，因此不予受理。丘建东提出上诉，2004 年底，二审维持原裁定。丘建东转而寻求向教育部提出行政复议，也未获受理。[76] 如果仅从司法程序上来分析，该案确实不在民事诉讼的受理范围内，而中国也没有相应的宪法诉讼制度，但这并不影响从学术的角度对该案中的受教育权与宗教自由权之间的矛盾进行分析。杨合理曾对此案进行评述，其认为由于该案教材不是给宗教信徒使用的，因而减少了教徒的宗教信仰受到侵害的可能性。如果教材只是代表编者私人的观点，那么私人确实有自由表达自己对宗教的看法，因为宗教信仰不

75　Edwards v. Aguillard，482 U.S. 578（1987）

76　杨合理著：《论宗教自由的法律保障》，中州古籍出版社，2012，第 191 页。

仅意味着尊重信教者的信教自由，也包含不信教的自由。但是其还提出由于教材代表着官方立场，因为中国的教材需要通过出版社作为官方单位的审定，且在原则上需要经过新闻出版总署批准，因而即使普通教材也带有一定的官方特征，显然国家应在宗教问题上采取中立立场，不应简单将宗教等同于"精神鸦片"，这有违反政教分离的嫌疑性。[77]这种分析固然有一定的道理，但却遗漏了两个关键性因素，第一是该教材是一本大学教材，第二是该课程的名称为《马克思主义哲学原理》。这意味着该教材中的种种言论在某种程度上属于一种哲学学说中的观点。虽然政治课的问题在中国教育体制下存在种种重大的争议，但我们仍然不能将一种官方推广的意识形态中的某一条观点即视为具有强制性的国家符号。也就是说，在讨论政教分离及国家中立原则时，对国家符号的认定应当具有一定的标准，即这种符号具有在国家政权背景下的强制力而使得公民在面临这种国家符号时丧失了某种选择权，此时的该符号才可以被看作是国家符号。那么作为一个大学教材的《马克思主义哲学原理》中的言论及观点是否可以视为国家符号就明显有很大的商榷余地。

在公共教育领域还有一件较为引人注目的案例即德国联邦宪法法院所审理的教室十字架案，德国巴伐利亚州《国民小学学校规则》规定每一个教室皆需悬挂十字架。三位处于学龄段的孩子家长对此提出反对，认为这个符号引导他们的孩子偏向基督教，违背了教育理念。宪法法院最终判决该规定逾越了学校根据宪法之规定所设在宗教和意识形态倾向上的界限，并且所有的父母与学生同等地享有宗教自由，而不仅仅限于基督教徒，因此被宣布无效。[78]在这里德国联邦宪法法院再次印证了宗教自由不仅仅是特定宗教信仰者的自由，同时也是他种宗教信仰者及无宗教信仰者的宗教自由，作为公权力的国家如果不能谨慎地恪守政教分离及国家中立原则，那么就极易造成政治与某种特定宗教的紧密结合。值得注意的是该案的判决引发了一股遍及德国的抗议浪潮，德国法官协会甚至发出警告称，法治危在旦夕，任何拒绝服从十字架案裁决的行为都将危害到联邦共和国的宪政民主。正如持多数意见的大法官格林在名为"一项司法裁决为什么应受尊重"的公开信中所强调的，宪

---

77 杨合理著：《论宗教自由的法律保障》，中州古籍出版社，2012，第 191-192 页。

78 德国联邦宪法法院，93BVerfGE1（1995）。转引自〔美〕德拉姆、〔美〕沙夫斯著，隋嘉滨等译：《法治与宗教：国内、国际和比较法的视角》，中国民主法制出版社，2012，第 539-543 页。

政的目的即在于保护少数人的权利免受大多数人的侵犯。[79]与此案相关，在公共建筑物的宗教标识问题上也存有较大的争议，笔者比较认同奥康纳大法官的代表性意见，其认为政府支持在自己的建筑物显著位置上展示宗教标志，意味着认可。[80]但政府容许私人在公园和公共广场上的宗教性展示，不意味着认可，[81]这也是政教分离及国家中立原则的自然延伸。

综上所述，笔者认为在教育领域，特别是未成年人的强制性义务教育领域，国家作为公权力只能进行世俗教育而排斥宗教教育，这是政教分离及国家中立原则的必然要求。但如闫莉所指出，事实上宗教教育受地方性文化影响深刻，因此国家在对宗教教育投入上难免有所偏好。[82]正因如此，在强制性的义务教育里国家作为公权力更应该尽力保持世俗教育的基本特质。如台湾地区的《教育基本法》即规定"学校不得为特定政治团体或宗教信仰从事宣传，主管教育行政机关及学校不得强迫学校行政人员、教师及学生参加任何政治团体或宗教活动"。不仅如此，带有公权力色彩的强制教育领域还要特别注意在面对不同种类宗教时的中立立场，如葡萄牙宪法法庭1993年的第174号决议中所说明的，参加宗教和道德课程与否取决于学生或其合法监护人的主观意愿，尽管在公立学校开设天主教课程不被认为是违宪，但如果这种许可仅限于天主教，则应当受到严厉谴责。[83]但在其他公民存有选择权的各种教育领域内，宗教教育与世俗教育在国家权力层面享有同等的权利与义务，宗教教育并不因其宗教性而减损一般性教育所享有的任何权利，当然也不因其宗教性而承担多余的义务。

赵莹曾将政教合一制度的弊端归纳成三个方面，分别是政教合一是历史上一切宗教迫害的一大诱因；政教合一制度对政教关系的和谐发展是不利因素，即政教合一容易造成政教之间的相互冲突；政教合一于政于教均是弊大于利。[84]相反政教分离并不是一种逃避手段，而是作为教会与国家之间的合作工具。政教分离带来了解放。它使教会摆脱了国家的控制；使国家摆脱了宗

---

79 〔美〕德拉姆、〔美〕沙夫斯著，隋嘉滨等译：《法治与宗教：国内、国际和比较法的视角》，中国民主法制出版社，2012，第543-544页。

80 Country of Allegheny v. ACLU，492 U.S. 573，（1989）

81 Capitol Square v. Pinette，115 S.Ct. 2440，（1995）

82 闫莉著：《宗教信仰：自由与限制》，社会科学文献出版社，2012，第70页。

83 〔德〕罗伯斯主编，危文高等译：《欧盟的国家与教会》，法律出版社，2015，第346页。

84 赵莹：《宗教自由研究》，山东大学博士学位论文，2009，第62-63页。

教的监护；也使个人摆脱了宗派主义与国教的控制。无论从历史上看还是从教义上看，政教分离无论从"消极"还是"积极"方面都有利于宗教自由，把支持抑或反对某个宗教的决定权留给个人自己。[85] 政教合一型或者国教型国家制度本身就是宗教专制的一种表现形式，唯有政教分离才能保证国家或政府不以公权力的形式对宗教进行一系列的干涉，这也保证了宗教自身的良性发展。国家对宗教自由的限制必须是以一种底线性的形式存在，即以一种防御性自由非干涉的形式存在，而不应当将宗教自由视为一种扩张性自由，否则就会造成国家有选择性地对宗教进行潜在支持。归根结底，政教分离及国家中立原则的出发点在于宗教存在着多元性与排他性两种主要特性，国家在促进某项宗教自由时无法避免对其他宗教自由是否造成一种实质性的干涉或侵犯，即宗教自由中的宗教应当以一种最广义的形式去理解，而并非狭义的某种或某几种宗教。无论是政教分离原则还是国家中立原则，其核心即国家应当允许不同宗教各自的合理发展，而不去进行事务性干涉。国家应努力营造一个环境，即人民不必为自身的特殊性感到忧虑，而愿意在一个国家中与彼此特殊的人民共同生活，[86] 唯有在该种原则之下，宗教自由才有实现的可能，"政教分离规定，是所谓的制度性保障的规定，并不是直接保障信教自由本身，而是通过把国家和宗教的分离作为制度加以保障，从而间接地确保信教自由的保障的实现"。[87] 尽管政教分离及国家中立原则已经在全世界范围内得到了普遍的认可，但出于对维护本国历史传统、文化特色、民族利益、意识形态与价值观、政治体制及大众社会心理等诸因素的考虑，许多在政权上早已实行了政教分离的世俗国家，仍然在不同程度上保留着国教或官方宗教信仰，[88] 但作为一个现代的法治国家，其根本上必须坚守本质的世俗性格。[89] 一

---

85 〔美〕维特等著，郑磊译：《当今世界的宗教人权：1994 亚特兰大会议报告》，上海三联书店，2013，第 69 页。

86 刘祎著：《宪法与宗教的对话：论宗教自由之宪法图像》，知识产权出版社，2012，第 285 页。

87 〔日〕户波江二撰，王玉杰译：《小泉首相参拜靖国神社与政教分离原则》，载《山东大学法律评论》，2007，第 278-279 页。

88 刘澎：《宪法比较：宗教自由与政教分离》，载《国家·宗教·法律》，中国社会科学出版社，2006，第 5 页。

89 马纬中：《法与宗教之研究：论现代法治国下的宗教自由》，中兴大学硕士学位论文，1997，第 75 页。

种宗教在某一国家占优势不是颁布进一步关照优势宗教和歧视新的或少数宗教的法律的正当理由。[90]从这个意义上说，宗教宽容的最主要义务主体不是宗教自身，而是国家公权力。一个政治社群应该能够容纳所有不同的宗教信仰（包括无神论），才是一个稳定的机制，而宗教自由正是这种健全社群的前提基础。[91]国家强制力仅仅能够获得表面的虚伪遵从，主张宽容与尊重非但不会颠覆政权，相反还具有使少数派宗教成为社会稳定而非社会分裂之源头的功效。[92]国家本身对多元文化国的中立性与宽容原则之坚守与实践，是维持社会和平的必要条件，这特别体现在宗教或世界观的问题上。而且须注意的是，这个维持社会和平的多元文化国原则，不能因国家换党执政或社会的多数期待或抗争，而有所屈服或变动。否则，真正长久的社会和平乃是无法期待的。[93]

最后笔者还要对政教分离及国家中立原则进行一个额外的说明，该原则从制度上确实能够防止某一宗教或某几种宗教在一主权国家内的宗教专制，但该原则并不是一种纯粹的人权保障，也就是说即使某一主权国家实施了政教分离原则，也不能保证该政权对所有的宗教甚至无宗教信仰的公民及一般性社会组织均予以不合理的限制。即使在政教分离的制度制约之下，宗教信仰者的宗教自由还是有可能无法实现的，宗教自由的实现还需要其他配套的一般性法律制度予以体系性的保障。

---

90 〔美〕威特、〔英〕布多尔多主编，刘洋译，隋嘉滨校译：《俄国的东东正教与劝诱改宗：争夺灵魂的新战争》，中国民主法制出版社，2013，第226页。

91 刘祎著：《宪法与宗教的对话：论宗教自由之宪法图像》，知识产权出版社，2012，第156页。

92 可详见洛克在《论宗教宽容》中的六个关键性观点：区分公民政府的事务与宗教事务；官员的职权范围不扩及宗教领域；教会五权主张国家权力；国家无法确知宗教真理；多元化是稳定之源泉；宽容要有限度。详见〔英〕约翰·洛克著，吴云贵译：《论宗教宽容》，商务印书馆，1982，第5-45页。

93 许育典著：《宗教自由与宗教法》，元照出版公司，2005，第3-4页。

第三章　宗教自由的法律实践

第一节　个人宗教行为与集体宗教行为

　　一般认为，宗教行为依其主体数量可分为个体宗教行为与集体宗教行为，前者指主体只有一人的自愿行为，后者指主体为两人或以上的自愿行为。依其行为的场所可分为私密宗教行为与公共宗教行为，前者指私人场所内具有封闭性、私密性的自愿宗教行为，后者指公共场所中具有开放性、公开性、透明性的自愿宗教行为；依其是否关涉他人利益可分为涉他宗教行为与涉私宗教行为，前者指与他人利益、国家利益、社会公共利益有关的宗教行为，后者指与他人利益、国家利益、社会公共利益无关的宗教行为。私密、涉私的个体自愿宗教行为因具有封闭性和私密性而属于"私"范畴，不在法律调整范围之内，但集体宗教行为、公共宗教行为、非自愿宗教行为和具有涉他性的个人自愿宗教行为因具有公开性、透明性、公共性而属于"公"范畴，属于法律调整范围，国家可以用法律加以管制，以保护国内公共秩序和保护公民人身、财产安全不受侵犯。[1]但也有学者对该分类模式提出质疑，如有美国学者提到，当然可以想象存在单独的信仰和行为，但实际中的宗教生活几乎毫无例外都是"集体地"进行的。集体无论在观念上和现实上都对于宗教的"教义、实践、礼拜和戒律"有着至关重要的意义。[2]闫莉则认为作为群体

1　刘正峰、周新国著：《邪教的法律治理》，社会科学文献出版社，2012，第 121-122页。

2　〔美〕科尔·德拉姆：《宗教和信仰团体注册类别比较研究》，载《国家·宗教·法律》，中国社会科学出版社，2006，第 393-394 页。

自由的宗教信仰自由和作为个体自由的宗教信仰自由在互动中完成彼此的互补，即群体自由成为个体自由的保障，离开群体，无所谓个人自由；而个人自由既是群体自由的出发点，也是其最终的归宿。群体自由以个人自由为开端，并最终要实现完全的个体自由。[3]

对此笔者认为个人宗教行为与集体宗教行为虽然在一定程度上有着紧密的连接与交叉，但仍然存在着可以区分的间隔。笔者不否认宗教本身带有强烈的集体倾向，因此在论及宗教自由的内涵时，常会特别列出具有集体性格的保护法益。但与此同时因为确实存在着个人单独从事宗教活动与众人集体从事宗教活动的两种情况，而且二者对于个人与宗教信仰相关的自我决定而言，都十分重要而须被视为保护法益。即之所以要做这样的区分，是因为二者所指涉的范围，都无法完全被对方所涵盖。[4]无论是个人宗教行为还是团体宗教行为，其主体在作为一个"宗教人"、"宗教组织"之前，必须是法律上的"自然人"、"法人"或"社会组织"。也就是说，在对宗教行为的"宗教性"进行特殊性分析之前，其前提条件是把这种行为作为一种普通的社会行为进行法律分析，之后才是在此基础上，对这些行为的"宗教性"，也就是其特殊性做进一步的探讨。

对于个人的宗教行为和集体的宗教行为，首先要明确的是，集体与信仰自由之间的勾连是非常有限的，信仰自由仅是针对个人的心理活动而言，作为一个集体，其在宗教自由方面只能从集体活动上做出表示。某些独立的个人，依靠自身的信仰而汇集成一个集体，这本身只是一项个人的宗教行为。但当该集体进而做出宗教行为时，情况就可能要更为复杂，因为集体所能发挥的社会效果要比个人的影响力更为强大。[5]虽然国际上也存有一些法律明确规定了集体的"宗教信仰自由"，如英国1998年的《人权法》第13条就写到，"如果法院根据本法案所做出的某一决定，有可能影响到宗教组织（组织本

---

3 闫莉著：《宗教信仰：自由与限制》，社会科学文献出版社，2012，第90-91页。

4 许育典著：《宗教自由与宗教法》，元照出版公司，2005，第220-221页。

5 对此有学者还曾提出宗教治理的需求溢出理论主张，即对宗教采取双层治理的策略，一方面把宗教及宗教事务作为治理的对象，以防范、限制或消除宗教的消极性；另一方面把宗教作为治理主体，以发挥宗教在解决社会问题中的积极作用。其中第二个层面无疑是在集体宗教行为的视角所进行的深入讨论。详见刘太刚、龚志文：《对宗教的治理与利用宗教进行社会治理》，载《华东政法大学学报》，2017年第2期。

身或其成员团体）享有的思想、良心或宗教的权利，就必须对此项公约权利给予特别的重视"。但法律评论几乎一边倒地评价此类规定"形同虚设"、"基本上只有象征意义"。[6]一个宗教集体形成后，虽然它的运作及维持，必须透过个人才能实现；但是，这些活动其实已经脱离了单一的个人，并且可以找出独立的意义。更确切地说，它们是以整个集体的名义、向整个集体内部或向外产生影响。[7]笔者并不否认当一个宗教集体成立后，会逐渐发展出一整套区别于个人的"理念"，但这种理念并不等同于信仰自由，在某种程度上说，这种理念乃是集体内不同个人思想博弈后的折中表现。虽然这种理念可能会对集体内外成员造成一定的反作用，但这种理念仍然需要依靠个人的"思维补给"，而没有办法脱离集体成员单独存在。因此，集体的宗教自由可以说完全是行为自由。但在个人的宗教自由问题上，虽然从法律的视角也同样更多地体现在行为自由方面，但不可否认个人的宗教自由包含着信仰自由，且个人的信仰自由与行为自由二者密不可分。个人的信仰自由既包括信仰宗教的自由也包括不信仰宗教的自由，既有信仰这种宗教的自由也有信仰他种宗教的自由，并且也有从信仰这种宗教改信他种宗教的自由，这些通常被宪法所保护，毋庸置疑。而在个人宗教行为自由方面，信仰宗教的人首先也是一个被法律所统摄的人，法律面前人人平等，一个人表达自己信仰的所有行为都不能逃脱作为基本的"法律上的人"的权利义务规定。对个人宗教行为的赋权是与对不信仰宗教的个人的权利保护同步的，两者之间在总体上并不存在着此消彼长的冲突。也就是说，对个人宗教行为自由的保护一定不能成为对非宗教信仰者或他种宗教信仰者的负担。但集体宗教行为则不然，集体的宗教行为无论是对内对外，都会与另一方主体产生互动。宗教组织的多样性不言而喻，不同的国家、不同的地域、不同的宗教归属等等因素都决定了宗教组织之间的巨大差异，因此对宗教组织的法律主体地位进行界定时绝不能"一刀切"，那么如何解释与限定宗教组织的宗教自由首先就必须界定宗教组织在一国主权范围之内的主体地位问题，这也是本章所要讨论的重点所在。

6　M.Hill, Ecclesiastical Law, 3rd edn, Oxford：Oxford University Press, 2007, p.47；Rex.Ahdar & I.Leigh, Religious Freedom in the Liberal State, Oxford：Oxford University Press, 2005, p.359；J Wadham & H.Mountfield, Blackstone's Guide to the Human Rights Act 1998, London：Blackstone, 1998, p.55.

7　周敬凡：《宗教自由的法建构——兼论<宗教团体法草案>》，成功大学硕士学位论文，2002.，第99页。

关于个人宗教行为，前文中已经进行过相关讨论，个人所实施的宗教行为可以按照是否涉他分为私密性的个人宗教行为以及公开性的个人宗教行为，一旦个人宗教行为有涉他情形出现，那么该行为就很自然地被纳入国家现行法律体系的规制范围之内，因为作为相对方的"他"可能只是独立的个人，也可能是具有相当规模的多数人；有可能是同种宗教信仰者、他种宗教信仰者，也可能是非宗教信仰者，或者兼具。因此就有必要对所有涉他的个人宗教行为进行统一的赋权与限制，而无论是赋权还是限制，都应当避免宗教特殊性的考量，因为对个人涉他宗教行为的管控实际上与对普通"法律人"的管控并没有明确的差异。但需要特别提及的是，个人宗教行为当中还有一个比较特殊的问题即无民事行为能力人或限制民事行为能力人的宗教自由问题，具体地说，就是作为未成年人监护人或父母在决定其子女的宗教选择或宗教活动时所实行的一系列行为将被如何理解。对此问题大多数学者均认为就未成年人而言，由于其心智尚未完全发育成熟，可以比照其他基本权利，他们的宗教自由通过未成年人的父母或监护人代为行使，甚至决定。[8]"虽然父母的选择常常是不明智之举，但有理由相信，国家可能做的更糟。一般来讲，父母比政府当局更了解其子女的个性特点，他们更为关心子女的良好发展。"[9]许育典则将这种行为明确归类为父母（或监护人）对子女教育权的实施，即在不损害子女的幸福下，父母可以代替无自我决定能力的子女做决定，并决定他们所应接受的教育，其中也包括宗教教育。因此，只要该宗教教育的选择及实施，没有侵犯到子女的基本权，父母对此即享有自我形成的空间，而不受国家干涉。在此，讨论的还是父母的教养权或宗教教育权。但许育典同时也提出，当父母将子女的教育交由宗教团体实施时，就会发生是否抵触国民基本教育义务的问题。[10]黄昭元认为，即使未成年人接受全然的宗教教育，也不当然妨碍其自我实现。如果父母可以善尽义务，国家便不应强迫人民接受国家教育。[11]对此笔者在前文中也曾提及，在未成年人的强制性义务教育领域，国家作为公权力只能进行世俗教育而排斥宗教教育，这也是政教分离及

---

8 杨合理著：《论宗教自由的法律保障》，中州古籍出版社，2012，第38页。

9 〔美〕威廉·A·盖尔斯敦著，佟德志、庞金友译：《自由多元主义——政治理论与实践中的价值多元主义》，江苏人民出版社，2005，第131页。

10 许育典著：《宗教自由与宗教法》，元照出版公司，2005，第225页。

11 黄昭元：《上帝要我上祂的学校：宗教自由与义务教育的冲突》，载《月旦法学杂志》第74期，2001年。

国家中立原则的必然要求。但至于父母或监护人是否可以要求未成年人免除国家的义务教育，则不仅仅是宗教教育领域的单方面问题，即如果关于教育方面的立法允许父母或监护人可以以合理的理由拒绝国家提供的义务教育，那么宗教也应当位列其中。但如果这种义务教育是强制性的，那么国家也不应该单独为宗教信仰者敞开大门，否则就明显成为对非宗教信仰者的不平等对待，此外也容易陷入到判定何种宗教才能够成为"适当"理由的无尽争论之中。也就是说，在国家强制性义务教育之外的私领域，应当由父母或监护人在不明确违反未成年人基本权利的前提下自由地进行选择，国家作为公权力的一方对此应当恪守不干预原则。

第二节　宗教法人制度的路径选择

近年来随着社会经济的发展，越来越多的宗教组织开始广泛地参与到一些一般性社会经济行为当中。因此即使是一个具有相当影响力的宗教组织，如果它的法律实体地位不明确，也无法有效地运作，办理一些事务就会成为非常令人头疼的事情，并且会使宗教组织有可能承担一些本来不该违背宗教组织意愿而施加给它们的债务风险和法律责任。[12]但与此同时中国目前对宗教组织的主体地位还存在着较大的争议与分歧，这就使得当今关于宗教事务管理的相关法律规定明显滞后于社会现实。宗教组织在中国的法律地位乃是中国宗教法研究中非常重要的组成部分，其对推进中国宗教事业的发展也有着不可忽视的作用。探索宗教法人制度的目的即在于解决宗教组织因法人主体地位不明确而在法律身份上存有争议的现实问题。明确宗教组织是否具有法人主体地位不仅仅有助于宗教事务的行政管理，对现实生活中涉及宗教因素的诸多民商事经济行为也有着尤为重要的意义。

在进入到本节主题之前有必要对文中的三个概念进行简要的说明，即宗教组织、宗教团体以及宗教法人。有学者曾对此类概念进行过系统的分析，[13]本文中对三个概念的界定分别为，宗教组织即最广义上以宗教意义为目的的

12　〔美〕科尔·德拉姆：《宗教和信仰团体注册类别比较研究》，载《国家·宗教·法律》，中国社会科学出版社，2006，第374页。

13　王连合、华热·多杰：《宗教组织的内涵与外延》，载《青海民族研究》，2005年第2期；仲崇玉：《宗教法人制度的基本问题研究》，载《宗教与法治》，2015年夏季刊。

结合体；宗教法人则是指经过某种法定程序被国家予以认可的，以标准的法人审批程序予以登记设立的带有宗教性的法人组织；而宗教团体则主要指带有宗教性的非法人团体，即虽不具有法人资格但可以以自己的名义从事活动的组织体。[14]典型的非法人团体如学生会、俱乐部、校友会、同乡会等，现代各国法律大抵在法人之外承认有某种主体性的非法人组织体之存在，[15]本文中的宗教团体即指这种带有宗教性的非法人组织体。需要说明的是，成立信仰团体、慈善和人道主义性质的团体是结社自由和宗教自由的当然内涵。宗教组织登记属于个人的选择性行为，登记的宗教组织（宗教法人）和没有登记的宗教组织（宗教团体）都具有合法的地位。[16]但是要拥有法人资格，就应当按照法人登记程序进行登记进而成为宗教法人。尽管如此，以法人资格排除、否定非法人宗教组织（宗教团体）的设立，是违反结社自由和宗教自由的。[17]其中最为典型的便是基督教的家庭教会问题，[18]"既不太可能通过把非登记教会全部纳入到三自爱国运动委员会这个全国性的组织来得到解决，也不太会通过限制或取消这些教会得到解决"，"无论是建制教会还是非建制教会，首先要承认和尊重彼此存在的事实。从政府的角度来说，所能够做的就是本着政教分离的原则，对这些教会一视同仁，以此为前提把对宗教团体的管理纳入到法制的轨道，通过一种透明的法制途径，使各教会都处在一种公开的符合法律要求的存在状态"。[19]有学者认为国内法可能在某些情况下会要求宗教组织必须通过许可以获取法人资格从而保证宗教组织的有效运行，而这就可

---

14 〔英〕希尔、〔英〕桑德伯格、〔英〕多伊著，隋嘉滨译：《英国的宗教与法律》，法律出版社，2014，第56页。

15 梁慧星著：《民法总论》，法律出版社，2001，第159-160页。

16 以台湾地区的宗教事务管理为例，"从新宗教提出申请登记到通过审核被认可的过程中，主管机关始终抱持着'被动'的态度为主，他们不主动邀请新宗教来申请登记。因为只要新宗教不在乎是否有被登录到国家的公文书上，他们还是拥有宣教自由。"详见蔡秀菁：《宗教政策与新宗教团体发展》，真理大学硕士学位论文，2006，第57页。

17 刘培峰：《宗教团体登记的几个问题》，载《国家·宗教·法律》，中国社会科学出版社，2006，第228-232页。本节中将许多引用文献原文中的"团体"按照本文的界定更改为"组织"，以做是否具有法人资格之区分，此后再不一一标注。

18 可参见左绍棠：《中国大陆基督教政教关系：新制度论之研究》，政治大学硕士学位论文，2004，第25-26页。

19 何光沪主编：《宗教与当代中国社会》，中国人民大学出版社，2006，第307页。

能会引发歧视非主流信仰的传播之风险。如果官方许可对于宗教组织获得法人资格是必要条件，其实说明了国家对于宗教组织的宽容度并不够。[20]但这里似乎模糊了法人与非法人之间的界限，事实上从国家行政管理的角度，一国政权对国内的法人毫无疑问负有监管责任，如果没有任何审批标准地承认任何团体以法人地位无疑是在抹消法人制度的基础。简言之即应该承认登记的宗教法人与非登记的宗教团体两种不同的宗教组织形态，进而在行为能力的具体权限方面进行细致区分。

一、探讨宗教法人制度的必要性

宗教信仰自由与宗教行为自由是不可分割的二元结合，在法律实践当中根本没有办法把信仰完全地从外在行为中割裂出来而去赋予某个个体以单独的信仰自由，至少从法律层面是这样的。那么对宗教自由的赋予就应当是在行为方面去进行界定，无论信仰者的行为是否真正出于信仰，法律关注的仅仅是他作为一个"法律人"的宗教行为结果。宗教信仰自由至多仅能在法律原则或者说法律精神的层次上进行笼统性规定，相比之下作为宗教实践的行为自由才应该与法律有着更多的交集。[21]因此由于宗教信仰属于典型的思想良心自由，按理专属于自然人之内心世界活动，法人并无法如自然人一般独立为精神自由活动，因此，私法人不得成为内在宗教信仰自由之基本权利主体，但私法人可以成为外在宗教行为自由之基本权利主体，以从事宗教集会、举行宗教仪典等活动。[22]即宗教组织自治是宗教自由必然的逻辑延伸，[23]宗教的自治和自决从集体或共同的角度，体现了宗教自由人权的本质。[24]因此宗教组织作为怎样的一种主体参与到一般性社会经济行为当中，便成为了国家宗教事务管理必然要解决的问题之一。

20 See Jim Murdoch, Freedom of Thought Conscience and Religion：A Guide to the Implementation of Article 9 of the European Convention on Human Rights, Strasbourg：Council of Europe, 2007, pp.44-45.

21 段知壮：《从人类学视角再看宗教自由的界限》，载《宗教与法治》，2015 年春季刊。

22 刘祎著：《宪法与宗教的对话：论宗教自由之宪法图像》，知识产权出版社，2012，第 217 页。

23 杨俊锋：《宗教法治的几个基本问题》，载《国家·宗教·法律》，中国社会科学出版社，2006，第 259 页。

24 〔西〕杰维尔·马丁内兹-陶龙：《宗教团体的自治与自决》，载《国家·宗教·法律》，中国社会科学出版社，2006，第 276 页。

法人基本类型模式乃是制定民法典的重大争议问题之一，学界目前的讨论也极为热烈，[25]在民法草案的三审稿中对法人制度采取了营利法人与非营利法人的分类，而非营利法人又分为事业单位法人、社会团体法人与捐助法人，在捐助法人中规定"依法设立的宗教活动场所，具备法人条件的，可以申请法人登记，取得捐助法人资格"。这样的分类固然有一定道理，但事实情况是，随着社会经济的日益发展，越来越多的宗教组织开始参与到一般性的社会经济活动当中，包括与宗教相关的旅游、教育、医疗、餐饮、工艺品制造与销售等等领域。并且从世界范围来看，兼具宗教与社会服务功能的社会组织也越来越普遍，如带有宗教色彩的学院、大学、神学院、医院、地方医疗服务中心、救济院、诊所、中小学、研究和出版中心、社会福利组织、休养和退休机构、促进合作和发展的教会内部与教会间的机构等等。[26]那么一个宗教组织除非它已完全不从事宗教活动，而与任何宗教信仰无关，否则，是否同时兼具其他作用或目的，并不妨碍它原有的宗教性质。[27]虽然这其中相当一部分包含宗教因素的社会经济行为只是略具雏形，但却与宗教参与者的切身利益紧密相关。如从与核心成员订立劳动合同，到出版宗教材料、生产礼拜等宗教仪式所需要的物品，以及一些诸如为本教派购买供给品、电力、热气以及其他日常用品的世俗合同等。[28]有学者甚至明确表示，随着成为法人而来的权利包括拥有不动产的权利，这项利益对于任何想要公开运作教堂或为其神职

---

25 目前学界对法人的分类大致有三种倾向，一种是维持原有类型不便，第二种即民法总则草案中所体现的营利法人与非营利法人，第三种则倾向采取社团法人与财团法人的分类。具体可参见梁上上：《中国的法人概念无需重构》，载《现代法学》，2016年第1期；罗昆：《(中国)民法典法人基本类型模式选择》，载《法学研究》，2016年第4期；王文宇：《揭开法人的神秘面纱——兼论民事主体的法典化》，载《清华法学》，2016年第5期；谭启平、黄家镇：《民法总则中的法人分类》，载《法学家》，2016年第5期；仲崇玉：《耶林法人学说的内涵、旨趣及其对(中国)法人分类的启示》，载《法学评论》，2016年第5期。

26 〔美〕威特、亚历山大主编，周青风等译：《基督教与法律》，中国民主法制出版社，2013，第242页。

27 Vgl.A.F v. Campenhausen, Staatskirchenrecht, S.83，转引自许育典著：《宗教自由与宗教法》，元照出版公司，2005，第220页。

28 〔美〕德拉姆、〔美〕沙夫斯著，隋嘉滨等译：《法治与宗教：国内、国际和比较法的视角》，中国民主法制出版社，2012，第421页。

人员提供住宅的宗教社团都是至关重要的。[29]如果不能妥善地处理这一系列问题的话，那么纠纷和冲突就在所难免，这些现象在一些人类学田野调查中表现的尤为明显，最典型的如地处旅游风景区的寺院与旅游、园林部门围绕门票收益的分配问题所产生的矛盾越来越严重，有的甚至发展到冲突激化。[30]笔者并不否认社会经济类活动依然并非宗教组织的主要活动范围，但对这一领域的忽视却极有可能造成宗教组织在进入到这一活动领域时的无序与混乱。

二、宗教组织可划分的主体类型

　　冯玉军曾对国际社会关于宗教财产归属的法律规定进行研究，认为国际社会中对宗教财产的归属认定基本可以分为三种类型：第一，宗教组织对于宗教财产享有所有权模式，一般建立在注册登记成为符合国家要求的法人基础上，并在现实中接受政府的监督和管理，该宗教组织亦受国家相关法律法规保护、约束。第二，宗教财产所有权既属于宗教组织，也属于国家的混合模式。这通常与政治顶层设计上的"政主教从"体制有关，由此导致该国相应的宗教财产管理法规一方面明确规定了宗教财产范围，另一方面也明确规定了主管部门对宗教财产相关事务的管理权限。第三，宗教财产完全归属于国家模式，这在现实中并不普遍存在。[31]对于中国宗教财产的归属路径，笔者倾向于冯玉军所提到的第一种模式。有学者在研究中也指出，梳理中国有关宗教财产的法律及政策，宗教建筑的所有权主体有国家、宗教法人（宗教协会或宗教活动场所）、私人三类，但目前大量的宗教建筑是由宗教法人所有，即使是国家所有的属于《文物保护法》保护范畴的宗教建筑，目前实际上也是由宗教法人在行使管理权和使用权。[32]但现实生活中仍然有大量的关于宗教财产归属争议，如张建文以"释圣龙诉高敏房屋使用权纠纷案"为线索提出，所谓的宗教活动场所的所有权问题，其实包含了两个层面的问题：一是所谓的出资人（购买人）对宗教活动场所主张所有权问题，这里涉及的产权界定难题主要是出资或者提供资源是否就

29　〔美〕威特、〔英〕布多尔多主编，刘洋译，隋嘉滨校译：《俄国的东东正教与劝诱改宗：争夺灵魂的新战争》，中国民主法制出版社，2013，第 222 页。

30　何光沪主编：《宗教与当代中国社会》，中国人民大学出版社，2006，第 59 页。

31　冯玉军：《宗教财产归属与宗教法人资格问题的法律思考》，载《苏州大学学报》（法学版），2016 年第 1 期。

32　丁菁：《（中国）宗教建筑所有权主体与权能研究》，载《浙江师范大学学报》，2016 年第 4 期。

意味着出资人或者资源提供者能够取得宗教活动场所的所有权；二是作为主体的宗教活动场所本身能否对作为客体的宗教活动场所主张所有权的问题，主要涉及的是宗教活动场所是否具有法人资格，对宗教活动场所的管理以及对第三人主张权利或者承担义务的问题。[33]笔者认为对以上两种不同归属模式的划分事实上并不应该交由公权力去认定，而应该由具体的宗教信仰者自我决定，因为具体的宗教组织是否申请成为法人是自愿而非强迫的，即中国宗教组织可以采取宗教团体与宗教法人的分离式管理。一个宗教组织如果想参与到一般性的社会经济活动当中，就必须严格依照相关部门法规定，经审批成立宗教法人。此处的宗教法人乃是一种学理上的分类，即带有宗教性的法人，其与文化类的法人、金融类的法人类似，仅仅指代该法人的背景性色彩而并非法律层面的制度划分。该宗教组织可以依照法律规定申请成为除机关法人外的任何一种法人类型，如事业单位法人、社会团体法人以及营利法人。[34]以美国为例，许多州都向宗教组织提供比较多的选择，以便它们能够找到最符合其宗教组织的体制的模式。所以在实践中，各个宗教组织往往可以从容地对各种不同的组织形式进行分析和鉴别，从中找出一种最有利该团体开展宗教活动的组织形式。[35]具有法人资格的宗教组织即宗教法人可以与其他法人平等地参与到社会经济活动，乃至教育、医疗领域当中。作为法人的一种学理分类，宗教法人并不承担特殊性义务，当然也绝对不享受其他同类型法人所不享有的任何特殊性权利。至于宗教组织的内部结构及相应的办事章程，自然由宗教组织享有自主权，如台湾地区司法院大法官释字第573号解释中许玉秀大法官提到，"凡宗教组织与善款来源之关系，乃组织之形成基础，其所属财产之得丧变更，关系其组织之存续与发展，自属宗教组织内部之事务"；王和雄大法官也指出，"按寺庙之财产，基于宗教之教规、戒律，究竟如何管理、运用与处分，若属教义之奉行，

---

33 张建文：《出资不取得产权规则与宗教活动场所归属问题》，载《华东政法大学学报》，2017年第2期。

34 需要指出有学者强烈反对宗教与商业行为的过分结合，可参见济群：《佛教在商业浪潮中的反思》，载《法音》，2003年第7期。

35 〔美〕科尔·德拉姆：《宗教和信仰团体注册类别比较研究》，载《国家·宗教·法律》，中国社会科学出版社，2006，第382页。从某种意义上说，教会是为了保有财产所有权并在适当法律监督之下有效地管理财产，而使用各种形式的世俗联合形式，既包括合并也包括分离出独立的附属机构。详见〔美〕威特、亚历山大主编，周青风等译：《基督教与法律》，中国民主法制出版社，2013，第242页。

致与宗教信仰之核心内容相关联而成为密不可分之一体关系，本属宗教内部自律之范围，国家理应保持中立而不宜介入"。但作为法人的宗教组织之内部机构及办事章程应当是进行备案的，因为宗教法人作为法人的一种并不能脱离国家正常的行政审查，如台湾学者张永明提及"如住持或少数管理人，未经任何内部的决议机制，私自赠与或贱卖庙产给非宗教团体时，是否亦能同等的适用"，[36]这就必然需要国家行政法律上的底线制约，只不过这种制约并未超出对其他法人类型的制约限度。如美国联邦最高法院在 1979 年的 Jones v. Wolf 案中认为，在纯粹世俗事务上，为了避免干预宗教或者违背中立原则，民事法庭可以审查与财产有关的契约以及教会的宪章和法人章程。[37]也就是说，当宗教组织出现在法庭上或者到公共服务机构办事时，至少为了确定它们的诉讼资格、法院对涉讼标的管辖权、核实各方当事人法定代理人的身份，法官和公务人员必须要知道它们是如何运作的。[38]而如果一个宗教组织并不希望参与一般性社会经济活动而只是组织某些特定的宗教礼拜式仪式，那么就可以依照结社自由自然地成为非法人性质的宗教团体。如在拉脱维亚就有类似规定，"注册并非表达信仰自由的强制性要求。只要不违反法律，每一个未注册的宗教团体都有权举行宗教仪式、宗教习俗和宗教典礼"。[39]当然一个宗教团体或多个宗教团体可以进一步申请成为一个宗教法人。

　　也就是说，作为宗教团体的宗教组织只能进行一些纯宗教性的礼拜活动，而宗教法人却可以作为一般的法人类型参与到社会经济生活当中，只是宗教法人与其他社会法人在法律层面上不应存有特殊性。而"宗教活动场所"之类的提法应当予以废止，因为宗教活动场所本身就属于一种财产权的客体，而并非是权利的主体享有者，毕竟并非每一个宗教组织都是与某一宗教活动场所相对应而存在。至于宗教法人到底属于财团法人还是社团法人的理论争

36　张永明：《政府对宗教组织之财产管理》，真理大学财经学院学术研讨会资料，2004年 5 月。转引自钟秉正：《宪法宗教自由权之保障》，载《玄奘法律学报》第 3 期，2005 年。

37　Jones v. Wolf，443 U.S. 595（1979）

38　〔美〕威特、亚历山大主编，周青风等译：《基督教与法律》，中国民主法制出版社，2013，第 243 页。

39　〔德〕罗伯斯主编，危文高等译：《欧盟的国家与教会》，法律出版社，2015，第198 页。

议，[40]台湾学者林本炫的观点较具代表性，其认为宗教法人同时具有"社员（人）"的集合和"财产（物）"的集合这两种属性，和单纯以人的集合而成立的社团、以及由捐助财产而成立的财团法人不同，因此宗教法人此一新的法人如要成立，必须尽量兼顾到这两种属性。[41]对宗教法人从整体上进行如此分类其实并无实质意义，事实上有的宗教法人是社团法人，而有的宗教法人则是财团法人，这即好比一个宗教学会所成立的法人和一个宗教基金会所成立的法人，这种对宗教法人整体的强行定位并不具有合理性。

三、目前中国关于宗教组织主体问题的规定与实践

从中国现行的法律规定来看，对宗教组织以及宗教活动场所的登记申请要求事实上要严于《民法通则》中对法人所规定的一般性要求，[42]但严格的国家控制制度往往更不适于推动宗教自由。[43]就目前的社会实际情况而言，已有的大多数宗教组织实质上已经具备了成为宗教法人的制度性条件。此外一些行政法规当中也有相关的一些初步规定，如1994年的《宗教活动场所登记办法》、1999年的《社会团体登基管理条例》以及2005年的《宗教活动场所设立审批和登记办法》。但这些规定基本上还只是把少数的宗教组织划分到社会团体法人的范畴，并且地方性的法规还有一定程度的不统一，这也为宗教法人的现实构建增添了一定的阻碍。[44]如有学者提及，中国目前对宗教财产保护的理论基础主要是党和国家的基本宗教政策，而不是以物权、债权为依托的

---

40 冯玉军：《宗教财产归属与宗教法人资格问题的法律思考》，载《苏州大学学报》（法学版），2016年第1期。

41 林本炫：《试论宗教法人的属性和定位》，载《台湾宗教学会通讯》，2001年第7期。

42 刘培峰：《宗教团体登记的几个问题》，载《国家·宗教·法律》，中国社会科学出版社，2006，第240页。

43 〔西〕杰维尔·马丁内兹-陶龙：《宗教团体的自治与自决》，载《国家·宗教·法律》，中国社会科学出版社，2006，第279页。

44 有学者曾将中国目前宗教活动场所的法律地位进行详细分类，其中主要有由宗教团体代理模式；少数宗教活动场所的管理委员会具有法人资格；通过另设公司法人维护自身权益；部分宗教活动场所保留原有的法人资格证书。详见雷丽华：《宗教活动场所法人资格现状及其赋予宗教活动场所法人资格的复杂性、必要性》，载《行动中的中国宗教法治：纪念<宗教事务条例>颁布十周年学术研讨会论文集》，转引自冯玉军：《（中国）宗教法人制度的立法完善》，载《华东政法大学学报》，2017年第2期。

法律理论。这种通过散见于党和行政机关文件的各种规范，对宗教财产加以保护的方式，在商品经济不发达、整个社会生活水平都不高的环境下，确实发挥了一定的积极作用，解决了不少实际生活中出现的宗教财产纠纷，但随着社会主义市场经济的逐步发展、改革开放的日渐深入，社会生活水平的不断提高，宗教组织的运作与发展模式也发生了相当深刻的变化。[45]

近年来中国对宗教法人的一些研究中有学者从人格权的角度出发进行分析，概括来说即宗教法人有积极地依照教规教义的基本精神，不断丰富完善和发展自己的人格之资格。笔者认为这一研究路径有待商榷，从范畴上来看宗教法人应该从属于民商经济法领域，即"法人制度的根本价值，仍然在于确立经济活动中团体之作为交易主体的法律地位，解决财产权利之归属与财产义务之负担"。[46]而不管某一宗教主体是否成为宗教法人，任何宗教组织都有依照宗教自由发展其正当教理教义的权利，也就是说人格权的享有与宗教法人之间并不必然存有直接联系，任何合法的宗教组织都应该依照宪法而享有所谓的拟制人格权，这实际上是宪法赋予公民宗教信仰自由的基本权利。

此外有学者指出，从逻辑上讲，宗教财产权并非一个严格意义上的法律概念，不能简单地放置于中国现行民事物权体系之中，[47]关于宗教财产的一些诸如"社会所有""信教群众集体所有"的用语也是为宗教财产的归属问题蒙上了一层模糊的面纱。根据冯玉军于2013年所组织的调查，49%的教职人员认为其所在宗教活动场所的产权完全清晰，另有45%的教职人员认为产权部分清晰、部分不清晰，还有6%的教职人员认为产权完全不清晰。[48]就目前中国的宗教事务管理规定来看，宗教组织对于宗教财产是享有使用权的，但是否享有所有权却存在极大的分歧，因此宗教法人制度的另外一个优势就在于财产权利的明晰化。

这种明晰又可表现在两个方面，一是宗教财产与其他社会财产之间的界限。以捐赠为例，如果被赠与人的主体地位出现分歧或瑕疵无疑会导致赠与行为的法律界定模糊，甚至会导致赠与人对宗教事务的无端干涉。在实践当

---

45 马卉，薛炎：《（中国）宗教财产归属问题探讨》，载《武汉理工大学学报》，2007年第4期。

46 江平著：《法人制度论》，中国政法大学出版社，1994，第173页。

47 冯玉军：《中国宗教财产的范围和归属问题研究》，载《中国法学》，2012第6期。

48 冯玉军：《宗教财产归属与宗教法人资格问题的法律思考》，载《苏州大学学报》（法学版），2016年第1期。

中，许多宗教不动产都并非以宗教组织的名义登记，但却在实际中用于宗教活动，当这些不动产出现权益上的纠纷时，就会出现难以处理的情况。如一个宗教组织的财产被置于个人名义之下，那么就极易发生个人挪用团体财产却又无从制约的情况，或者发生由于合同或侵权所导致的意料外的责任，如此整个团体本身的利益将受到损害。[49]无论当事人为何种初衷，此类情况一旦发生都将造成极大的争论，如 2011 年四川省某寺院比丘尼以 600 多万元购买豪宅的新闻报道。[50]现实生活中许多对宗教的批评也都主要围绕在宗教财产问题上，[51]"在敏感的宗教财产尤其是宗教房产问题上，中国实践中的政策和做法相当混乱，对这些财产的法律关系的认识及保护措施相当缺乏"。[52]张建文曾以 2013 年的"张广照等与九华山圆觉精舍排除妨害纠纷案"为例对宗教财产的属性问题进行深入的探讨，其认为宗教财产的特殊性来源于其经由宗教活动场所登记所确认和负担的宗教性用途，该目的性用途作为宗教财产的本质特征直接且决定性地导致宗教财产的不可流通性（不可转让性），决定了宗教财产在法律规制上的特性。宗教财产的特性只与作为宗教性用途的官方确定程序（宗教活动场所登记）直接相关，宗教财产的权属登记并未也并不承担该项设定财产之用途的功能，后一功能在中国是由宗教活动场所登记实现的。[53]从某种意义上说，宗教财产的目的性与宗教财产的归属是可以分开的，那么进而引申的是，宗教财产的归属明确并不阻挡宗教财产使用目的上的特殊性。此外这种主体地位的不明确在一些宗教产品的贸易流通中还会造成更多的权责不明，宗教法人制度的规范化就可以很好地解决这一问题。在中国目前的司法实践中也存在较多类似操作，如有学者统计了大量的以佛教寺院为原被告的民事案件，提到当寺院在作为案件原被告时，一般由该寺院住持出庭，但各地法院在名称使用上各有不同，例如"负责人""代表人""法定

---

49 〔美〕德拉姆、〔美〕沙夫斯著，隋嘉滨等译：《法治与宗教：国内、国际和比较法的视角》，中国民主法制出版社，2012，第 422 页。

50 四川尼姑被爆 600 万买豪宅，官方称系寺庙所有，http://news.qq.com/a/20110610/000470.htm.

51 郭安主编：《当代世界邪教与反邪教》，人民出版社，2003，第 97-98 页。

52 孙宪忠：《财团法人财产所有权和宗教财产归属问题初探》，载《中国法学》，1990年第 4 期。

53 张建文：《宗教财产法律地位的裁判逻辑与司法立场》，载《苏州大学学报》（法学版），2016 年第 1 期。

代表人"等，裁判产生的权利义务由该寺院承担。[54]

　　第二是宗教组织财产与宗教教职人员的个人财产之间的明晰。如果宗教组织不能够享有宗教法人资格，那么宗教教职人员的身份就会显得尴尬，宗教教职人员作为一个自然人当然不能完全依照"宗教神圣性"而超然地生活在社会之外。如有学者在以道教为对象的调查研究中发现，"一些不能靠旅游业实现自养的道场，出现了请社会中的散居道士来道场做法事的现象。这些散居道士每次从道场中收取出场费，道场与他们之间只有契约关系，这对于散居道士来说，变相地获得了合法身份，而且也不用向谁交税"。[55]相反如果宗教教职人员所依附的单位是法人的话，这种依附关系就可以被很好的定位。笔者在此处主张在大多数情况下应当依照一般的劳动合同法律规定处理宗教法人与宗教教职人员之间的法律关系，[56]在一些法律问题的处理当中也正是采取的这样一种模式，[57]如 2009 年湖南娄底天籁寺前任住持圆通法师案，[58]对当事人的认定即按照"非国有单位工作人员"的挪用资金罪、职务侵占罪予以判处。英格兰教会宗教大会于 2009 年修订的《教会职务条例》也采取的这

54　吴昭军：《（中国）佛教寺院的民事主体地位研究》，西南政法大学硕士学位论文，2015，第 13 页。

55　何光沪主编：《宗教与当代中国社会》，中国人民大学出版社，2006，第 217 页。

56　有学者曾批评中国在宗教教职人员的"认定（或同意）—备案"程序中，以"备案"为名行审批控制之实，如 2005 年四川牛心寺照智案和 2006 年江西化成寺圣观案。详见杨凯乐：《推动中国宗教政策的第二次转型》，载《宗教与法治》，2015 年冬季刊。

57　对此问题的讨论有必要提到美国 2012 年的 Hosanna Tabor Evangelical Lutheran Church v. EEOC 案，基本案情如下：佩里克是 Hosanna Tabor Evangelical Lutheran 教会学校的一名教师，由于患有发作性睡症于 2004-2005 年留职治病修养，当她想回来继续工作时，教会告知该职位已由他人继任，并表示对她已完全康复的怀疑。她威胁将向法院起诉教会，教会认为该举动违反了不得将教会内部分歧提交教外人士解决的教规，遂以该理由将其开除。佩里克向公平就业机会局申诉其案件，公平就业机会局认为教会违反了《美国残疾人法案》，遂向法院提起诉讼。最高法院九位大法官一致判定，在神职人员的任免方面，教会享有自主权，不受政府普遍性法律的干涉。张铮博士曾对此案有详细论述，可参见张铮：《法治还是自治——从两个案例看美国宗教自由的张力与变迁》，载《比较法研究》，2015 年第 4 期。笔者认为对宗教组织在人事任免权方面的完全自治其实在一定程度上抹杀了普通公民的劳动权利，即在教会任职的公民可能无法享受到一般公民所应当享受的劳动保护性权利。宗教自治不应当以消减其他基本权利为代价。

58　圆通法师挪用寺庙资金，与"小三"大张旗鼓结婚，http://news.timedg.com/2012-11/16/12950257.shtml.

样一种路径，它对所有新任命的神职人员的一般任期制度做出了规定，这些规定包括对牧师工作的检查和牧师的未来发展，同时为神职人员们设立了表达不满的正式程序。最重要的是，在能力考核程序中它允许被免职的人在世俗的劳资法庭提起诉讼。[59]再如立陶宛的相关法律规定，根据雇佣合同，受宗教社团和协会聘用的个人有权获得社会保险和其他法律规定的各项保障。为此宗教组织必须用自己的收益向国家社会保险基金缴纳费用，数额和政府机构缴纳的数额相等。[60]

至于宗教神职人员或者在宗教组织的工作人员的宗教信仰是否是其任职的必要条件，笔者认为法律不应予以强制干涉，但宗教组织应当事先以明示的方式进行告知。以德国联邦宪法法院所审理的两个案件为例，第一个案件为天主教医院基于以下理由解雇了一名医生：该医生在一本重要的国家新闻杂志上，发表了一封批评保守神职人员和官员的反对堕胎言论的签名信，并接受了电视采访进一步阐述自己的观点；第二个案件为天主教旅馆对其会计的解雇，解雇的理由为他退出了天主教会。在这两个案件中，联邦劳动法院的观点都是对于宗教信仰的违背不足以证明解雇的正当性，但联邦宪法法院做出了相反的审判。[61]笔者认为此问题应当首先对宗教组织当中的具体职位进行一个划分，如果是宗教神职人员，那么宗教信仰无疑是其任职的必要条件，但如果是一些非核心的行政类岗位，情况则不尽然。但无论如何，当宗教组织的工作人员以非常明确的方式违背了其所服务的组织的基本理念，并且宗教组织事先也以明示的方式说明了该岗位的任职条件的话，宗教组织应当享

---

59 〔英〕希尔、〔英〕桑德伯格、〔英〕多伊著，隋嘉滨译：《英国的宗教与法律》，法律出版社，2014，第108页。

60 需要说明，2000年后立陶宛规定传统及其他国家承认的宗教社团的神职人员及修道院修士被强制投保社会养老保险。这一项保险被纳入国家预算。详见〔德〕罗伯斯主编，危文高等译：《欧盟的国家与教会》，法律出版社，2015，第222页。笔者认同宗教神职人员及在宗教组织工作的非神职人员应当与其他世俗人士一样正常缴纳社会保险，但其缴费形式及份额应当与其他世俗人士平等对待。如果国家为一部分特定的宗教组织主动承担其成员的养老费用的话，无疑是违反了政教分离原则，这对其他宗教组织形成了某种潜在的不公平。

61 德国联邦宪法法院，BVerfGE70, 138（1985）。转引自〔美〕德拉姆、〔美〕沙夫斯著，隋嘉滨等译：《法治与宗教：国内、国际和比较法的视角》，中国民主法制出版社，2012，第410-415页。

有正当的解聘权。[62]简而言之，即德国规定的"教会得以自行决定其工作人员之何种行为系严重抵触'信仰与道德教义之重要原则'，而当事人对此种'忠诚义务'的违反即足以遭致解职的命运"，[63]或英国规定的"规则限制教会剥夺某一牧师附有薪金的职位，除非是按照规则规定的程序做出的决定"。[64]用一个或许不恰当的比喻，我们无法用法律强制一个环保机构去接受一个反环保主义者为任职人员；或强制一个同性恋组织去接受一个反同性恋的工作人员。

四、宗教法人的"去宗教化"路径

事实上学界对宗教法人的许多讨论都集中在对宗教法人的特殊性赋权之上，即宗教法人与一般法人相比是否应该享有一些特殊性的法律权利，笔者对此持否定态度。这种赋权在某种程度上是对宗教自由中国家中立原则的违背，在法律实践中也会将司法机关陷入到"什么是宗教、什么不是宗教"的无休止的法律认定当中。一个宗教法人如果想要得到某项特殊性赋权，以减免税为例，那么它自身就必须符合公益慈善行业的准入规定。以欧洲人权委员会于1992年受理的奥特加·莫拉蒂利亚诉西班牙案为例，一个新教教会及其牧师要求豁免他们在巴伦西亚的礼拜场所的财产税，并且特别强调天主教会享有这样的豁免，但问题是宗教自由绝不意味着必须给予教会及其信徒不同于其他纳税人的税收待遇，因此就这一方面的申请明显缺乏正当基础。[65]有

62　许育典也曾以台湾地区辅仁大学2000年底的"天主教大学宪章"事件为例，对宗教自由与学术自由之间的关系进行了非常深入的讨论。事件大致内容为：辅仁大学行政会议投票通过《教师聘任规则第14条》修正案，增列"本校教师在聘约有效期内，如不遵守……天主教大学宪章……，应予解聘、停聘或不续聘"，"前项所谓不遵守天主教大学宪章，系指教师于教学或其他公开场合，经本校使命委员会审查通过认为有明显否定天主教基本教义，如人性尊严、生命尊重、家庭价值等之行为，且无改善之意者而言"。详见许育典著：《宗教自由与宗教法》，元照出版公司，2005，第277-326页。笔者认同许育典所提出的，争议的焦点在于"私立学校在台湾宪法上的地位，究竟是一个公领域，还是一个私领域？"，但对"该私立天主教大学是依私立学校法由国家许可立案的学校，其修订教师聘任规则的行为，应属公权力的行使"的结论存有异义，以这种路径分析的话，似乎有抹杀所有私立教育的自决权之嫌。

63　转引自钟秉正：《宪法宗教自由权之保障》，载《玄奘法律学报》，2005年第3期。

64　Lord Templeman, Davies v. Presbyterian Church of Wales, 1 WLR 323（1986）

65　欧洲人权委员会，上诉案件编号17522/90（1992）。转引自〔美〕德拉姆、〔美〕沙

学者曾认为所有的宗教组织都应平等地享有宪法的权利，例如作为非营利组织的税收优惠，[66]但问题是这里将宗教准入与公益准入进行了强制划一，事实上公益慈善行业的减免税准入条件并不应当直接套用在宗教法人的衡量标准当中，这种准入条件在某种程度上会成为宗教法人准入的一种负担性要求，而且中国目前的《公益事业捐赠法》《信托法》以及《慈善法》也都未将"宗教"列入公益的范围之内。[67]在其他国家这种区隔也常有明确的表达，如在法国，一个宗教组织"是否被承认属于公益性的，并不取决于其信仰特征，而是取决于其相关事工中所追求和达到的社会目标"，[68]再如在马耳他，"通常情况下，教会并不享有免税待遇，必须缴纳所得税、增值税、关税，或其他任何形式的税。但教会及其下属实体可以享有慈善组织享有的某些免税政策。某些商品，诸如教育服务，或与教育目的相关的商品，也不会产生任何税收"。[69]也就是说一个宗教组织在成为宗教法人之后并不必然地享有一般法人所享有权利之外的特权，但同时也并不影响其享有申请某项符合法律规定的公开性法律赋权之资格。以日本的《宗教法人法》为例，日本《宗教法人法》颁布之初对宗教法人的准入资格采取的是以形式审查为原则、实质审查为例外的制度，但宗教法人作为公益法人的一种无条件地享有一定的税收优惠政策。[70]这就使得在认证过程中对宗教法人的公益性审查标准无法量化，事实上日本政府也承认一些宗教法人虽然打着宗教的旗号，但现实中是否真正从事宗教活动都难以确定，正是基于这样一种背景，1995 年日本政府对《宗教法人法》进行了严格化的修改。[71]

夫斯著，隋嘉滨等译：《法治与宗教：国内、国际和比较法的视角》，中国民主法制出版社，2012，第 126-127 页。

66 杨俊锋：《宗教法治的几个基本问题》，载《国家·宗教·法律》，中国社会科学出版社，2006，第 265 页。

67 张建文、杨雨昕：《宗教财产管理信托的特殊性及其对<信托法>的挑战》，载《经济法论坛》，2013 年第 2 期。

68 〔德〕罗伯斯主编，危文高等译：《欧盟的国家与教会》，法律出版社，2015，第122 页。

69 〔德〕罗伯斯主编，危文高等译：《欧盟的国家与教会》，法律出版社，2015，第267 页。

70 李向平，杨静：《宗教合法性及其获得方式——以日本<宗教法人法>为中心》，载《国家·宗教·法律》，中国社会科学出版社，2006，第 250 页。

71 需要指出，日本单设宗教法人类型之审查标准与本文所言的带有宗教性的法人之审

因此，笔者认为宗教法人的设立更多的是一种宗教组织的"去宗教化"行为。即宗教法人应该只是一种概念上的表述，在实际的法律权利与法律义务方面宗教法人并不具备任何的特殊性，宗教法人与其他社会法人一样，需要受制于民商经济类的部门法规定。所以本文中笔者所言的宗教法人也可以理解成为只是带有宗教性的一般法人。宗教法人制度的一个核心关键即将宗教财产与宗教神圣性脱离开来，宗教财产只是世俗财产的组成部分。这样的一种制度设计也与中国宗教学研究中的二律悖反原理相适应，即宗教的教理教义一般是神圣的、超俗的；但宗教组织作为一种社会组织，其无法逃脱社会经济发展水平的一般性制约因素。宗教法人只是宗教组织在实践一般性社会事务时的一个代表性身份，与该宗教的教务问题存有一定程度的明确区隔。本文中笔者所提倡的宗教法人实质上是出于对宗教组织能不能成为法人的一种的思考，其结论无疑是肯定的。让符合条件的宗教组织成为法人并不是要对其进行特殊性赋权或者是制约，而是要解决现实生活中宗教组织参与一般性社会经济活动的法律主体困境。这样一种制度对中国宗教事务管理部门区分宗教事务与宗教教务时也有极大的助益。

查标准在如何相互借鉴问题上还需进行深入的分析，对此问题可参见仲崇玉：《日本的宗教法人认证制度》，载《华东政法大学学报》，2017年第2期。

第四章 公民社会下的宗教事务

第一节 宗教事务与社会公共事务的竞合

有学者提到，现代有关宗教自由相关法律的讨论主要集中在普适法律的豁免之上，即当普遍适用的法律干涉个人宗教活动时，政府是否必须或是否可以为这些个人提供豁免？[1]笔者认为答案应当是否定的，如张千帆所言，如果法律禁止的对象是某种行为，那么法律一般无须因这种行为是特定宗教的要求而豁免其责任。[2]杨合理也曾具体举例，宗教团体根据宗教活动和教徒过宗教生活的需要，决定建一座教堂、寺庙、宫观或清真寺，就像公民需要建造一座住宅一样，不是随心所欲的，要按照土地、房产、规划、消防等国家法规，依法申请获得批准。[3]也就是说，政治制度上的政教分离规定并不能避免社会层面上宗教的实际参与，[4]国家与（建制化）教会分离的基本模式并不意味教会实践与公共领域无关，或基督徒不能够在政治、政府和国家层面成为良好公民。[5]这就意味着极大多数宗教的社会参与会与一般的社会事务产生

---

1 〔美〕肯特·格里纳沃尔特著，程迈译：《宗教与美国宪法》，中国民主法制出版社，2012，第 14 页。

2 张千帆：《自由还是法治？——论宗教信仰的豁免权及其界限》，载《国家·宗教·法律》，中国社会科学出版社，2006，第 103 页。

3 杨合理著：《论宗教自由的法律保障》，中州古籍出版社，2012，第 275 页。

4 刘义著：《全球化背景下的宗教与政治》，上海大学出版社，2011，第 201 页。

5 〔德〕汉斯·G·乌瑞斯撰，关启文译：《公共宗教、宗教价值和公共论坛——东西方的对话》，载《宗教价值与公共领域：公共宗教的中西文化对话》，中国社会科学出版社，2008，第 7 页。

竞合，那么当这种竞合发生时应该适用何种规则就必须被明确。至少在法学视野下，我们要讨论是并不是"宗教与公共生活"，而是"公共生活中的宗教"。笔者认为，在绝大多数的情况下，宗教信仰者并不享受非宗教信仰者所不能享受的任何特权，也不因其宗教信仰而丧失一般公民所享有的所有一般性权利。一旦从法律的角度赋予了宗教信仰者某种特权或减损其某种正当公民权，那么司法活动就会陷入到判定什么是宗教、什么不是宗教以及关于信仰的虔诚性等一系列的主观心理判断的漩涡之中。因此在对宗教信仰者的权利认定时，应将非宗教信仰者及他种宗教信仰者作为第三方进行法律参照，进而判断宗教信仰者的具体权利义务范围，本节笔者试图用一系列司法案例论证此种观点。[6]

一、宗教信仰者不因宗教性而增添特权

首先以美国 1878 年的 Reynolds v. United State 案为例，美国犹他州第三司法区地区法院以重婚罪起诉乔治·雷诺尔德，被告在庭上辩解根据摩门教教义，上帝要求该教成员实行一夫多妻制，不实行一夫多妻制会受到惩罚并在死后入地狱。经过审判地区法院处以被告 500 美元罚款和两年监禁，州法院

---

6 关于此问题有必要先介绍一下美国宪政史上关于政教分离的几种审查标准：于 1971 年 Lemon v. Krutzman 案中形成的"莱蒙检验"，三段审查分别为（1）法律必须具有世俗的立法目的（2）法律主要的或首要的影响必须是既不促进也不限制宗教（3）法律不得助长"政府与宗教的过分纠缠"；于 1983 年 Marsh v. Chambers 案中确立的"传统检验"，三段审查分别为（1）系的政府行为必须是使广为接受且源远流长的传统（2）系争的政府行为，必须使非属特定教派，不偏袒任何宗教的措施（3）系争行为对宗教的支持，只能是具有象征性意义，而不得为强制或有大量实质财政支出者；于 1989 年 Allegheny Country v. Greater Pittsburgh ACLU 案中确立的"背书检验"，"一个理解相关历史背景的合理或客观的观察者，是否会认为政府正在传递'背书宗教'的信息"；于 1992 年 Lee v. Weisman 案中确立的"强制检验"，"政府不得施以强制来促进某人出席或参加任何宗教活动，直接的、外观上的强制当然不在话下，间接的、心理上的强制亦属不许"。于 2002 年 Zelman v. Simmons Harris 案中确立的"直接和间接区分"检验法，"如果系争补助措施的发放依据，是中立、世俗之标准，且对所有宗教或世俗团体都一视同仁，那么原则上应可通过违宪审查"。对此问题可参见林清兴：《完善宗教自由之研究——以美国经验为视角》，载《济宁学院学报》，2015 年第 4 期。以上诸种审查标准在美国司法实践的历史上存在着反复性的变动，本文并不打算梳理以上诸种检验标准的历史沿革，而是提出一种新的评判视角。

判定维持原判。联邦最高法院认为，宪法保护宗教自由，但是不会到禁止对社会生活的重要方面做出立法的程度，如果摩门教徒是例外，而那些不把多妻制作为宗教信仰的人触犯此法规却会受到惩罚，那么这就是一种不平等，因此维持了州法院的判决。[7]该案例涉及到一个宗教教义与社会道德以及现行法律规定之间相符与相悖的问题，三者之间有时是相符合的，但有时确实是明显冲突的。如果把历史的局限性考量在内，那么用社会道德或法律规定对某一宗教教义进行实质性辩驳是相当无力的。问题的关键是在某一个时间段线内，我们必须维护现行法律的尊严，也就是说此时法律的规定是有效力且不容被随意突破的，在法律未做出实质变更之前，不能以宗教或道德的名义对法律进行干涉或突破。此外在该案中最高法院也再次重申了信仰自由与行为自由的分离，即"在仅是观点的问题上国会被剥夺了所有立法权力，但对于违反社会义务或会破坏良好秩序的行为却可自由触及"。

再以美国 1940 年和 1943 年的两件宗教信徒向美国国旗敬礼案为例，在 1940 年的 Minersville School District v. Gobitis 案中，两名分别为 10 岁和 12 岁的耶和华见证会信徒在校生因拒绝向美国国旗敬礼而被校方勒令退学，最终法庭判决校方为促进国家团结，而要求学生向国旗敬礼，其理由充分。[8]而在三年后类似的 West Virginia State Board of Education v. Barnette 案中，法庭裁定学校强制学生向美国国旗敬礼，侵犯了学生们的宗教信仰权利，学生拒绝敬礼并没有侵犯其他学生的权利。[9]依笔者所见，此类案件的核心应当是向国旗敬礼是否是所有公民的一项法定义务，如果是的话，那么宗教信仰者就不能以宗教信仰为名对此项义务提出例外诉求。[10]相反如果向国旗敬礼并不是所有公民的一项法定义务，或者公民可以以其他事由拒绝服从该义务时，那么宗教信仰者自然也可以根据宗教自由享受这种义务的免除。与其说这类案件是宗教信仰者与国家公权力之间的力量博弈，倒不如将视角转向宗教信仰者与

7　Reynolds v. United State，98 U.S. 145（1878）

8　Minersivlle School District v. Gobitis.，310 U.S. 586（1940）

9　West Virginia State Board of Education v. Barnette ，319 U.S. 624（1943）

10　如有学者认为"人民不得因宗教信仰拒向国旗敬礼，因为向国旗敬礼目的在于养成国家团结及国家安全之基础，亦为维持社会秩序所必需，宗教上信仰不能作为拒绝敬礼正当理由"，详见张恩鸿：《台湾百年来宗教自由之继受与实践》，台湾大学硕士学位论文，2009 年。转引自王振中：《论当代台湾宗教自由变迁》，真理大学硕士学位论文，2012，第 9 页。

非宗教信仰者的权利对等上，宗教信仰者不应享受任何非宗教信仰者所不能享受到的特权，因为宗教自由不仅仅是宗教信仰者的自由，也包含着非宗教信仰者的宗教自由。但需要注意的是，此处所谓所有公民的义务应当是一种世俗性的义务而不是一种宗教性的义务，即无论宗教信仰者还是非宗教信仰者都可以被国家要求普遍地遵从一项世俗性义务，但不应当要求非宗教信仰者或他种宗教信仰者普遍地遵行某一宗教的宗教性义务。如美国 1961 年的 Torcaso v. Watkins 案中，判决当公开的无神论者出任政府官僚职位时，不能要求他违背自己的信仰去宣誓信仰上帝。[11]再如 1992 年的 Lee v. Weisman 案中最高法院宣布在公立中学毕业典礼上的祷告仪式为违法。[12]

再以美国 1972 年 Wisconsin v. Yorder 案为例，被告约德是门诺教徒，其同时也是美国威斯康星州格林县的居民。威斯康星州强制义务教育法要求他们的孩子进入公立或私立学校接受教育，直到年满年 16 周岁。但被告拒绝把他们 14 岁、15 岁的子女送进学校，这些子女已完成六年级的教育。他们没有在任何私立学校注册，也没有任何公认的理由可以作为强制义务教育法的例外，因此必须服从该义务法。但联邦最高法院的终审判决中认为州不能提供足够的证据表明建立和维护教育体系重要到了可以推翻宗教行动自由权的地步，因此维持州最高法院的判决，即被告违反威斯康星州强制义务教育法的指控无效。为了保持阿米什教派苦行的旧秩和在自己土地上的宗教集体主义，该教派的信徒可以让他们的孩子免于完全适用强制入学的法律。尽管法院最终做出了这样一种决定，但其态度却是非常审慎的，其强调"尽管决定有权可以得到宪法保护的'宗教'信仰或实践也许是一个非常棘手的问题，但是有秩序的自由这一观念要求，在社会作为整体具有重要利益的行为事项上，不能允许每个人根据自己的标准决定如何行事"。[13]虽然最高法院明确把这种宪法权利限制在了宗教范围内，但此判决仍存在着极大的争议，有学者赞同这种意见的原因为"宗教反对意见往往比世俗反对意见要更有说服力"。[14]笔者对此持反对意见，认为"宗教反对意见往往比世俗反对意见要更有说服力"

11 Torcaso v. Watkins，367 U.S. 488（1961）
12 Lee v. Weisman，505 U.S. 577（1992）
13 Wisconsin v. Yorder，406 U.S. 205（1972）
14 〔美〕肯特·格里纳沃尔特著，程迈译：《宗教与美国宪法》，中国民主法制出版社，2012，第 98 页。

明显存在一种宗教价值要高于世俗价值的潜在逻辑，这种逻辑在维护宗教自由时不仅会导致宗教价值与世俗价值之间的倾轧，更极有可能引发不同宗教之间的矛盾激化。实际上这一判决也应当将非宗教信仰者作为一个参照的第三人，受教育既是公民的一项基本权利同时也是一项基本义务，宗教信仰者以宗教自由的名义摆脱了这种义务，那么非宗教信仰者与此同时却没有同样的抗辩，这明显造成了宗教信仰者与非宗教信仰者之间权利义务关系的不对等。事实上，该案例也是美国联邦最高法院卷入一系列对宗教信仰的虔诚性的主观认定当中的一例，在 1986 年的 Bowen v. Roy 案中，首席大法官伯格在判决中给出了与 1972 年 Wisconsin v. Yorder 案截然相反的说法，在 Bowen v. Roy 案中一对父母反对政府使用他们女儿的社会保障号码，以及他们在申请救济时需要提供该号码的规定。按照这对父母的土著美国人信仰，一个人需要为了灵魂的纯洁控制自己的生活；现代技术正在"掠夺人类的灵魂"，使用社会保障号码将会"夺去他们女儿的灵魂"。最高法院最终同意政府可以为了其自身目的使用该号码，"据我们所知，最高法院从未将第一修正案解释为，要求政府自身采取能促进他/她个人或其家庭宗教信仰发展的方式行事。不能把自由实践条款简单地理解为，要求政府按照与特定公民宗教信仰相容的方式，去处理自身的内部事务"。[15]此类案件的审判标准在 1990 年 Employment Division v. Smith 案中被逐渐确定化，即"自由实践权利并不能解除个人遵守'具有普遍适用性的有效的和中立的法律'的义务"。[16]这种观点在 1982 年的 United v. Lee 案中也有类似表达，在这个案件中最高法院判决一名有着宗教反对意见的阿们教派雇主不能拒绝缴纳社会保障税，即使涉及的雇员是阿们教派的成员而且阿们教派一贯以来都拒绝利用社会保障方面的便利。[17]

　　类似案例还包括欧洲人权委员会于 1981 年裁决的一个案件，X 是英国公民，1940 年出生于印度，信仰伊斯兰教，后住在伦敦从事教师职业。1968 年 9 月至 1975 年 4 月，X 作为一位全日制的小学教师，受雇于伦敦市教育局，合同中未规定上班时间。但按照惯例，上班时间为周一至周五上午 9 点半至 12 点半，下午 2 点至 4 点半。在最初的 6 年中未发生 X 周五去清真寺做礼拜而影响其教学工作的情况。1974 年，X 调到分部工作，最初以为主管宽容其

15　Bowen v. Roy，476 U.S. 639（1986）

16　Employment Division v. Smith，494 U.S. 879（1990）

17　United State v. Lee，455 U.S. 252（1982）

参加宗教活动，允许其参加完周五礼拜后继续下午工作，但后来的一位主管拒绝给他提供这种便利，导致 X 与学校发生争议。欧洲人权委员会认为在具体表达宗教信仰方式时，还会受到特别合同义务的约束。因此人权委员会认为学校对 X 的待遇并未不恰当地干涉其宗教自由，不予受理该案件。[18]

在许多对宗教行为的特殊性讨论当中都难免会涉及到宗教价值与世俗价值的对比判断，但这种判断事实上是永远不会有终极答案的。如一名目击了刑事犯罪的证人，其可能出于宗教价值上的同情与宽恕而拒绝证明当事人有罪，也有可能出于法律价值上的正义与公平如实地证明当事人的罪行，在这两种价值体系之间永远没有一个"终极"的衡量标准。但对价值位阶的讨论并不影响世俗国家下法律的正当运行，宗教行为并不能超越法律而解除对一般行为的限制性约束。以日本的一个案件为例，两名具有侵入建筑物、预备集合械斗之嫌疑的高中生，在追捕逃亡中，教会牧师受其父母之恳求，让他们在教会住宿一个星期后，说服两人向警察局自首，而警察机关以简易裁判的方式追究该牧师藏匿犯罪嫌疑人的刑事责任，牧师对此不服，诉求正式裁判。虽然法院最终裁判此种教会的工作是社会大局所允许，应未逾越宗教自由的界限，[19]但实际上此类判决的主观因素具有极大的漏洞，什么样的宗教可以实施此类的活动？实施这种行为的宗教因素有多强烈？这些都给具体的法律认定增添了不确定性。笔者并不是说世俗价值就一定高于宗教价值，但在法律规范体系下对行为的判定必须依照世俗价值而非宗教价值是应当坚守的。在近来关于美国同性婚姻法案的一则新闻中也再次体现了这点，2015 年 6 月 26 日美国联邦最高法院在 Obergefell v. Hodges 案中裁定同性婚姻在全美合法，之后不久肯塔基州的一名县书记员金·戴维斯坚持拒绝给同性伴侣签发结婚证，法院在要求她的办公室遵循相关决定的命令中即提到，"给同性伴侣签发结婚证的行为仅表示这对伴侣符合结婚相关的法律要求，这并非道德或宗教赞成的标志"。[20]全世界范围内在近一百年来对婚姻的道德认知和法律规定都不能不说是发生了翻天覆地的变化，宗教信仰者当然可以以宗教教义

18 X v. UK, Applicationn No.8160/78。转引自闫莉著：《宗教信仰：自由与限制》，社会科学文献出版社，2012，第 186 页。

19 〔日〕芦部信喜著，林来梵等译：《宪法》，北京大学出版社，2006，第 135 页。

20 http://chinese.christianpost.com/news/肯塔基州职员坚持拒绝给同性伴侣发放结婚证-20405/

或道德的角度对世界上各个国家关于婚姻制度的法律规定发表赞同或批评的意见，甚至可以通过法律方式去推动其所认可的婚姻制度的法定化，但是在法律并未发生符合某种宗教教义的实质变革之前，我们绝不能以宗教自由之名而对某一种宗教教义做出突破法律规定界限之扩张解释，这样不但不会对宗教自由进行完善的保障，反而极易形成宗教专制。

二、宗教信仰者不因宗教性而减损权利

以美国 1899 年的 Bradfield v. Roberts 案为例，该案中美国国会已允许拨款 3 万美元在哥伦比亚特区建造两座新的医院建筑，这项资助提供给一家成立于 1864 年的非营利医院，这个医院尽管面向公众开放，但它是在罗马天主教会庇护之下，由修女运营的。哥伦比亚特区的一名纳税人对此提出质疑，法院回应这家医院并非一个确立的宗教机构，而只是致力于医疗服务的医院，它只是恰好由信教者运营而已。[21]这意味着该非营利医院取得该项资助的原因并非其宗教性使然，同等条件下的其他非宗教性的组织也同样享有潜在的被资助资格。那么这一由宗教人士运营的非营利医院自然不应当因其宗教性而丧失取得资助的资格。再以美国 1947 年的 Everson v. Board of Education 为例，新泽西州通过制定法律授权地方教育委员会补偿父母为子女上学所承担的交通费，而不论是公立学校还是私立学校。尤因镇将此类基金提供给了子女在天主教教会学校上学的家长，一名纳税人就此起诉，质疑该行为的宪法基础。最高法院认为这种补偿安排是有效的，即如果这些制定法和决议强迫当地居民纳税以资助和维持致力于传授天主教信仰的学校，则是用州的权力支持教会学校，违反了第一修正案的禁止性规定，但新泽西州的法律规定及实施只是提供了一个普遍的计划，为学生安全、便捷的上学向家长提供帮助，而不论他们的宗教信仰。"不能因为他们的信仰，或缺乏信仰，而将天主教徒、路德教徒、伊斯兰教徒、浸信会教徒、犹太教徒、卫理公会派教徒、无信仰者、长老会教徒或其他任何教派教徒，排除在获得公共福利立法所带来的受益之外。"[22]该案的核心争议点即新泽西州的该法律规定是仅仅面向该天主教会学校的，还是面向符合某一种条件的所有学校，无论公立私立、宗教的非宗教的，即该法律规定是否具有宗教特殊性。如果该法律规定仅仅是出于交通及

21　Bradfield v. Roberts，175 U.S. 291（1899）
22　Everson v. Board of Education，330 U.S. 1（1947）

地理因素的考虑的话，那么天主教教会学校明显并不应该因其宗教学校的特殊性而致使其学生不能够享受到作为一般学校学生能够享受到的各种补贴。也就是说，作为具有宗教色彩的学校不应该因为宗教性而享受其他学校所不能享受到的优惠待遇，但同时也不应该因其宗教性而丧失作为一般学校所应该享受到的国家一般待遇。

正如前文所表述的，宗教自由更多的还是一种防御性自由，即宗教信仰者并不因其宗教性而丧失非宗教信仰者所享有的一切正当权利，这不仅仅在上述的教育领域，在其他领域也是如此。如美国 1938 年的 Lovell v. City of Griffin 案即以出版自由为根据对宗教出版物进行了一般性的授权许可，[23]1940 年的 Cantwell v. Connecticut 案中最高法院也以言论自由为依托，对不准在公共广场进行宗教传道和散发小册子的可能构成歧视的法律予以否定。[24]1981 年的 Widmar v. Vincent 案也是非常具有代表性的案例，位于密苏里州堪萨斯市的州立大学有将其设施向自愿学生团体开放的政策，但规定它的建筑物和场地不能用于宗教礼拜或宗教教育的目的。因此，一个以私人的宗教热望和仁爱为基础组织起来的自愿学生团体，要求在该年度利用大学的设施时遭拒。最高法院最终判决学生团体胜诉，其认为宗教团体平等对待和获得设施的价值，要比确立宗教判决的不确定危险来的更为重要。[25]再如 2001 年的 Good News Club v. Milford Central School 案，根据纽约法律的授权，米尔福德中部学区颁布了一项政策，在学校放学期间，准许地方居民使用地方公立学校设施，然而禁止任何团体基于宗教目的使用这些设施，以免学区违反联邦和州对确立宗教的禁止性规定，"好消息俱乐部"作为一个私人基督教组织，请求该学区允许他们在一所小学的自助餐厅里进行每周一次的聚会，但却遭拒。最高法院支持了"好消息俱乐部"的诉求，指出"在一个有限的公共论坛中，不能单单因所讨论的是从宗教立场出发的主题，而拒斥否则将被容许的讨论和言论"。[26]

值得注意的是，尽管在政府对教育领域的资助问题上曾在 Lemon v. Krutzman 案[27]中形成了著名的"莱蒙检验"，但涉及此类问题的案件在历史上

23 Lovell v. City of Griffin，300 U.S. 444（1938）

24 Cantwell v. Connecticut，310 U.S. 296（1940）

25 Widmar v. Vincent，454 U.S. 263（1981）

26 Good News Club v. Milford Central Schoo，533 U.S. 98（2001）

27 Lemon v. Krutzman，403 U.S. 602（1971）

仍然一直反复无常。如 1986 年 Witters v. Washington Department of Services for the Blind 案中，最高法院支持了一项资助盲人学生进入基督教学院学习的政府项目。该项目为针对盲人所进行的"特殊教育和/或职业、商业或交易培训"提供资助，威特的情况使得他成为适格的资金受领人。他的职业选择是基督教牧师，为了准备职业生涯，他申请资助进入一所基督教学院学习，但该州机关拒绝了他的申请。最高法院在判决中提到，该项目的首要目的是促进学生的职业教育，只不过这个职业恰好与宗教相关而已。它并没有给学生带来去选择接受宗教教育的金钱激励，它并没有给予申请宗教教育资助者以更多的、更广泛的利益。[28]而在 2004 年的 Locke v. Davey 案的判决中，以上的审判原则出现了明显的偏离。 华盛顿州针对该州范围内的学院里有天赋的学生，设立了"希望奖学金"项目，这个项目要求学生满足明确的学业和经济需求标准，学生们可以在被认可的任何学院里，自由地使用这笔奖学金。但该项目规章规定，鉴于州宪法禁止资助宗教的规定，学生不能攻读神学学位。戴维符合获得该资格所需的所有标准，但因为其在一所有基督教立场的西北学院修习教牧学，而被州撤回了他的奖学金。戴维诉称，特别将宗教专业排除于奖学金之外，违反了自由实践条款和禁止确立条款所要求的平等对待和中立原则。华盛顿州辩称，它并没有阻碍戴维的自由实践权利，而只是拒绝去违背州宪法的规定，为他实践该权利的活动提供资助。最高法院最终支持了华盛顿州，认为这并不构成一种表面上的歧视类型，因此也无需展开对迫切政府利益或最少限制替代进路的探寻。[29]戴维作为公共福利的受益人不应当因其选择宗教性或非宗教性的课程而有所减损，事实上这里模糊了政府资助宗教与政府资助教育的界限，政府出于政教分离原则当然不可以对某一宗教或某几种宗教进行特定的支持，但宗教组织参与社会一般事务而形成的有宗教背景的一般社会机构却不应因其宗教色彩而遭受到权利的剥夺。无论是宗教学校还是宗教专业，其都与非宗教学校以及非宗教专业同等地享受政府在教育领域给予的资助或奖励，宗教学校或宗教专业得到此类资助或奖励并非因其宗教性，而是缘自其与其他非宗教学校及非宗教专业在教育方面同等的地位与资格。

28　Witters v. Washington Department of Services for the Bind，474 U.S. 481（1986）
29　Locke v. Davey，124 S.Ct. 1307（2004）

三、宗教行为的世俗维度判断

综上所述，宗教信仰者与非宗教信仰者的法律权利与义务上并不应该存在实质上的区分，至少在具有法律意义的行为上应保持这种世俗的统一。如果以上的讨论还不够清晰，我们还可以集中地以宗教着装为例进行再一次的梳理。在一些有统一着装要求的行业中，宗教信仰者并不能因其宗教信仰而减损对这种规定的执行，如 1986 年加拿大印度籍移民比尔德诉加拿大政府一案，比尔德是一名受雇于加拿大国家铁路公司的锡克教徒，日常一直裹缠头布"吐班"工作，1978 年该铁路公司发布规定，要求所有在特定区域工作的雇员必须配戴安全头盔。但比尔德拒绝依照公司新规定配戴头盔，认为该规定侵犯了其宗教信仰自由，并拒绝因此更换工作岗位。1985 年加拿大最高法院认定铁路公司的规定是基于安全的考虑，规定的要求合理。比尔德又向国际人权事务委员会提出申诉，最终国际人权事务委员会认定加拿大政府没有违反依照公约应承担的义务。[30]非常类似的还有美国 1986 年的 Goldman v. Weinberger 案，最高法院判决自由实践条款允许美国空军出于军人统一着装的需要，禁止犹太教堂神职人员配戴圆顶小帽。[31]再如 2004 年 6 月 29 日，欧洲人权法院作出了一项裁决，土耳其伊斯坦布尔大学有一名叫沙欣的医学女生。她戴着面纱，用长袍包裹自己的身体去上课。但是学校校长决定，如果她不按照自己的职业要求着装，即如果她不把头巾、长袍去掉，就不许她上课。沙欣认为校方的要求不仅违反她的信念，而且违反土耳其宪法和欧洲人权法院所承认的公民信仰自己宗教的自由。所以她向欧洲人权法院提出起诉，随后法院驳回了她的请求，认为她所在大学的校长，根据政教分离原则做出的决定，并没有侵犯她的宗教信仰自由，并建议在教会的规定与医学（医学要求从业人员了解、接触人体）之间、在幸福而隐秘的生活与公开工作之间做出折中选择。[32]宗教信仰者并不能因为其信仰而在公共领域要求一些非宗教信仰者所不能够得到的特殊待遇，因此以上宗教信仰者的诉求也不能得到实

---

30 Karnel Singh Bhinder v. Canada，Communication No.208/1986，Views adopted on 9 November 1989 by the Human Rights Commitee。转引自闫莉著：《宗教信仰：自由与限制》，社会科学文献出版社，2012，第 187-188 页。

31 Goldman v. Weinberger，475 U.S. 503（1986）

32 《参考消息》，2004 年 7 月 20 日。转引自杨合理著：《论宗教自由的法律保障》，中州古籍出版社，2012，第 132-133 页。

现。但在其他没有统一着装规定的行业，宗教信仰者自然可以按照其宗教信仰进行服饰上的选择。以德国的一个案件为例，阿富汗裔、信奉伊斯兰教的德国籍女士卢丹于1998年以优秀成绩通过了中小学德语、英语和通识教育等科目的国家教师资格考试，但由于其向来在公开场合包覆着头巾，因此在她向巴登符等堡提出申请教师职位时，斯图加特中等教育局以她不愿脱下头巾教书而不适任教书为由，拒绝了她的申请。最终联邦宪法法院宣判撤销联邦行政法院的裁判，其判决理由主要在于，现行巴登符等堡邦法中并无禁止教师在学校和上课时穿戴头巾的规定。[33]需要注意有学者将教师的宗教性着装与国家公权力的延伸相联系，但事实上一般学生不会将戴头巾的老师与国家权力相联系，因为学校还有许多没有戴头巾的老师。但如果是国家公立学校的教室有悬挂十字架的规定，传达的就可能是国家的意志。[34]需要特别说明的是，以上对行业着装的要求应当是出于世俗目的的考量，如果这种服装的统一性规定本身就是针对宗教标识的，那么这种规定的合法性就具有争议。[35]如联合国人权事务委员会于2004年审理的Raihon Hudoyberganova v. Uzbekistan案中乌兹别克斯坦的《良心和宗教组织的自由法案》即禁止公民在公共场所穿戴宗教性服装，从而被予以不利判决。[36]再如法国2004年的"头巾法案"，该法案严禁在公共场所配戴明显的宗教标志，包括穆斯林头巾、犹太教小帽、基督教大型十字架等。公立学校学生违反此法者，可能被学校开除。[37]同年，法

---

33 《德国联邦宪法法院裁判选辑·十二》，（台湾）"司法院"秘书处，2006，第90页。

34 翁晓玲：《国家中立与宽容原则在宗教问题之适用》，载《宗教哲学》，2006年第3期。

35 正因如此，此类的规定往往存在一定程度上的不稳定因素。如上述土耳其的沙欣案后，土耳其议会在2008年2月，通过了一揽子的宪法改革，废除了在公共大学配戴头巾的禁令，而在2008年6月，宪法法院推翻了此项改革并坚持了这项禁令。可参见〔美〕德拉姆、〔美〕沙夫斯著，隋嘉滨等译：《法治与宗教：国内、国际和比较法的视角》，中国民主法制出版社，2012，第108页。

36 联合国人权事务委员会，来文号931/2000（2004）。转引自〔美〕德拉姆、〔美〕沙夫斯著，隋嘉滨等译：《法治与宗教：国内、国际和比较法的视角》，中国民主法制出版社，2012，第91-93页。

37 《光明日报》，2004年2月20日。转引自刘作翔：《政教分离与宗教平等——浅析法国"头巾法案"》，载《国家·宗教·法律》，中国社会科学出版社，2006，第10-12页。

国两名十二三岁的女孩由于佩戴穆斯林头巾而被学校开除，据报道这是头巾法案生效后的第一起学生被学校开除事件。[38]该案也引起了全世界范围内的极大反响，支持与反对的声音此起彼伏，延续以上的分析，对该法令及案件的分析还是应当将非宗教信仰者作为第三人引入到评判标准当中。如果所有的学生并没有规定的统一着装，那么每名学生都可以按照自己的意志进行装束打扮，学生配戴宗教标识此时属于个人的私生活领域，有宗教信仰的学生虽然出现在公共场所，但在任何角度也无法判定其能够成为公共标识的体现。相反，如果国家或学校对所有的学生都进行了着装规定，那么有宗教信仰的学生也不能因其宗教信仰而破坏这种统一性规定。当然这种统一性的着装不应该也不可以是专门针对宗教问题而设定的，"制度的存在或建立，应当是因为它有助于个人的自我决定，而不应该反过来限缩个人自我决定的可能性"。[39]事实上在许多此类案例的裁判当中，裁判者通常执着于两种标准，一是判断"某种信仰以一种特定的方式采取可感知的义务的形式去行为"是否是"义务性的"，[40]似乎如果是义务性的"宗教表达"就应该被允许，否则就应当被禁止。二是判断国家对宗教行为的干涉是否是"法律规定的"，是否有"正当合理的目标"且"对于民主社会来说是必需的"。[41]但笔者认为这两种评判方式仍然都局限于对宗教价值体系与世俗价值体系的调和当中，而没有将非宗教信仰者及他种宗教信仰者纳入宗教自由的荫蔽之内。只要没有明确的普适性标准，那么裁判者就永远逃脱不了以非宗教的价值体系去鉴定宗教问题的困境。此外该法案还涉及到一个标准性问题，即何谓"明显的宗教标志"，是否小规模宗教的宗教标识也在此范围之列，或者说大规模宗教当中的一些不常用的宗教标识又是否同样要被禁止。如果严格按照政教分离及国家中立的标准来看，该法案本身就体现了一种国家对宗教的评判及分类，这种评判及

---

38 《新京报》，2004 年 10 月 20 日。转引自杨合理著：《论宗教自由的法律保障》，中州古籍出版社，2012，第 132 页。

39 周敬凡：《宗教自由的法建构——兼论<宗教团体法草案>》，成功大学硕士学位论文，2002.，第 111 页。

40 R（on the Application of Playfoot（A Child））v. Millais School Governing Body, EWHC Admin 1698（2007）; R（on the Application of Watkins-Singh）v. The Governing Body of Aberdare Girls' High School, EWHC Admin 1865（2008）

41 〔英〕希尔、〔英〕桑德伯格、〔英〕多伊著，隋嘉滨译：《英国的宗教与法律》，法律出版社，2014，第 39 页。

分类不但不能抑制宗教，反而极易引起政教纠纷或教际冲突。

如果严格从法律的视角来看，在对绝大多数宗教行为的法律处理上都完全可以按照现行的民事、行政、刑事法律规定进行处理。以宗教捐赠为例，宗教捐赠必须是自愿的，既不能强制教内信徒捐赠，也不能强迫非该宗教信仰者捐赠或者强迫无宗教信仰者向该宗教捐赠。[42]但问题是无论何种捐赠均不存在强迫的法律允许，非自愿的捐赠行为可能因赠与合同缔结中的受胁迫性而使该行为沦为可撤销民事行为。如果情节严重的，则应当以诈骗、侵占等财产类刑事法律规定予以论处。也就是说在以行为结果为导向的法律处理上，绝大多数的宗教行为并不具备特殊性，所谓的宗教性多数是对行为原因或行为目的上的描述。正因如此，在司法程序中法院也应当避免一些无必要的宗教考量。仍然以宗教捐赠为例，有学者指出至少在宗教层面让法院判断"捐赠人意图"将使法院处于非常尴尬的处境。除非捐赠合同中明确规定了相关宗教实践，而且存在无法否认的偏离这种实践的情况，否则法院不应假定捐赠人有任何希望特定的宗教实践继续存续的意图。[43]闫莉曾用防御性和扩张性的方式界定宗教自由，其认为宗教信仰自由受到来自国家、社会和他人的干涉、歧视，具有保守性；于公众而言，选择信仰以及实践信仰并因此结成社团、表达观点、传播信息、开展教育、参与社会公益都是其积极的表现，具有扩张性。[44]但从以上列举中可以看到，所谓的扩张性权利并非宗教自由的专属性权利，而均是与公民其他基本权利竞合所产生的。以宗教言论自由为例，宗教信仰者们所享受的宗教言论自由并不意味着赋予宗教信仰者们免受任何批评的权利；情况恰恰相反，宗教信仰者们必须接受以下现实：人们有权宣传与他们的信仰相反，甚至是敌视其信仰的教义。[45]从宗教自由的角度来讲，这只是当公民的基本权利与宗教因素产生交叠时并不因宗教因素的介入而导致该权利的瑕疵而已，因此笔者再次强调，宗教自由在本质上即闫莉所言的防御性权利。

在法律实践中对宗教要予以特殊性处理的事例往往都是起因于对宗教的

---

42 闫莉著：《宗教信仰：自由与限制》，社会科学文献出版社，2012，第74页。

43 〔美〕肯特·格里纳沃尔特著，程迈译：《宗教与美国宪法》，中国民主法制出版社，2012，第276页。

44 闫莉著：《宗教信仰：自由与限制》，社会科学文献出版社，2012，第94页。

45 〔美〕德拉姆、〔美〕沙夫斯著，隋嘉滨等译：《法治与宗教：国内、国际和比较法的视角》，中国民主法制出版社，2012，第200页。

特殊性赋权，这往往将司法裁判陷入认定什么是宗教、什么不是宗教以及信仰的虔诚性等主观判断的漩涡之中而不能自拔。如有学者提出宗教信仰自由是一种资格和能力，资格意味着满足准入条件才能享有该权利。[46]笔者不同意这种观点，宗教自由不仅仅是宗教信仰者的自由，同时也是非宗教信仰者的自由，因此宗教自由应当是一种所有公民都享有的基本权利，如果把宗教自由当成宗教信仰者的自由，那么正如上所说，司法就会陷入到无尽的对信仰虔诚性的主观认定当中。如美国道格拉斯大法官在1963年Sherbert v. Verner案中所提到的，"穆斯林的宗教戒律要求他们周五去清真寺，一天祷告5次。锡克教徒的宗教戒律要求他佩带一柄常规的或象征性的剑。耶和华见证会成员的宗教戒律教导他发放宗教书籍，从一个城市到另一个城市，挨家挨户去散发宗教宣传手册。贵格会的宗教禁忌禁止教徒宣誓，而代之以确认。佛教徒的宗教禁忌要求他不吃肉，即便是鱼肉都不行"，[47]如果法律要为所有宗教性的特殊要求或禁忌提供法律豁免的话，那恐世俗法律本身就没有存在的必要了。再如段德智所言，几乎所有的宗教信徒都同时具有两种不同的身份：一方面，他或她是一个宗教信徒，另一方面他或她又是这个那个国家的一个公民，他们与无宗教信仰的其他公民应该平等地享受所在国家的宪法所赋予的种种政治权利。[48]相应地，他或她也与无宗教信仰的其他公民一样平等地承担法律所规定的种种义务与责任。在法律判定的意义上来讲，宗教在某种程度上其实并不具备特殊性，甚至没有必要将其独立出来加以单独保护，宪法上的良心自由、表达自由和集会自由也能完成这样的工作。[49]之所以将宗教自由明确提出，仅仅是因为宗教性并不对一般权利造成减损。即宗教自由与言论自由、集会自由并不是同一个层面的自由权，宗教自由仅仅是保证公民不因是否具有宗教性而丧失原有的基本自由权而已。

早就有学者指出现代社会中宗教的"弥散化"倾向，宗教体系的实在相应于其收缩着的社会基础，即专门化的宗教制度而衰落。原来是全部生活价

---

46 闫莉著：《宗教信仰：自由与限制》，社会科学文献出版社，2012，第91页。

47 Sherbert v. Verner，374 U.S. 398（1963）

48 段德智：《概论儒学的一元论特征及其普遍意义——对宗教进入公共生活何以可能的一个研究》，载《宗教价值与公共领域：公共宗教的中西文化对话》，中国社会科学出版社，2008，第129页。

49 S.D.Smith, The Rise and Fall of Religious Freedom in Constitutional Discourse, University of Pennsylvania Law Review, 1991, Vol.140, p.204.

值的东西，变成了只是部分时间内的规范。简而言之，传统教会宗教的衰落，可以被视为在教会宗教中制度化的那些价值（与个人）的相关性收缩的结果，这种收缩是因为将现代社会中的日常生活加以整合与合法化造成的。[50]而这种情况在中国似乎更源来已久，"业已成为世俗社会制度一部分的分散性宗教实际上缺乏其自身的独立伦理价值，因其主要功能是为世俗制度基本概念所需的伦理价值提供超自然的支持"。[51]无论如何，在现代化的大背景下，政权与教权的孰轻孰重已经不再是社会公共秩序当中的争论重点，无论宗教的教理教义如何超脱，其与世俗社会的万般联系已经不需更多的语言去证明。因此保证宗教自由的一个基本的条件即赋予信仰宗教的公民与不信仰宗教的公民平等且公正的世俗权利，唯有如此才是对宗教自由最恰当的保护。因此在宗教事务与社会公共事务产生竞合之时，或许将所有的公民纳入平等的考量体系才是探讨宗教自由的基础所在。

第二节　教际冲突与宗教的良性发展

法国思想家霍尔巴赫指出："宗教概念是以教义、习惯和神的启示为依据的，而教义、习惯、启示总是互不相同，人们对它们的看法也是各种各样，何况人人都相信自己，总认为自己的认识最正确——自己的认识对自己的幸福最有利。因此，使用强制手段对付宗教——人们认为对自己最可贵的事物，阻止他们履行宗教仪式，在他们看来这就意味着使他们遭灾受难。他们的自尊心和宗教狂热就会因此炽烈起来。他们就会不顾一切挺身保卫自己的信仰，用信仰上的顽强精神去建立功勋。"[52]这里强调宗教的排他性问题，宗教的这种排他性已取得了学界基本的共识，即由于宗教关乎个人的深层情感，是其对自然的理解，这就容易导致不同的宗教信仰者在理智或情感上不容易相互沟通。每一种宗教的信徒都相信该宗教陈述的真确性，信徒也就容易产生强烈的倾向将其他信仰视为谬误，就有了必须揭露谬误，并使之看到真理；必

50　〔德〕卢克曼著，覃方明译：《无形的宗教：现代社会中的宗教问题》，中国人民大学出版社，2003，第 26 页。

51　杨庆堃著，范丽珠译：《中国社会中的宗教：宗教的现代社会功能及其历史因素之研究》，上海人民出版社，2006，第 260 页。

52　〔法〕霍尔巴赫著，陈太先、眭茂译：《自然政治论》，商务印书馆，1994，第 252 页。

须对仇敌加以压制，不行的话就摧毁之等一系列行为，一旦付诸实施，就极易爆发宗教冲突。[53] 不同宗教信仰者之间的差异、信仰宗教与不信仰宗教之间的差异容易成为压迫的根源、或压迫的正当化借口。[54] 而这种教义理念上的分歧往往会以外在行为的方式被表达出来，正如前文对宗教信仰与宗教行为的分类一样，宗教竞争也可以分为思想文化领域的教义之争与组织机构领域的利益之争。

一、宗教竞争与宗教的多元化

在早前的一些研究当中，一般对宗教竞争的论述多从宗教的多元程度来推导，评判宗教是否多元则主要依据占有一定市场份额的独立的宗教组织的数量。但有学者指出，在某些环境中，多元并不导致竞争，竞争往往是从国家对于宗教市场的管制程度推导出来的，多元和竞争的不同主要是管制的不同的结果。[55] 即当代中国宗教信仰的关系及其格局问题，并非"宗教生态"问题，而是"权力生态"问题。[56] 当然，这种情况也并非今日中国的特殊现象，清教徒们在英国深受宗教迫害，他们为了追求宗教自由来到美洲新大陆，但却对新大陆其他教派进行迫害，这种现象在相当长的历史时期内都没有实质性的改变。一旦基督教的优势地位得以确立，惩罚异教就成为经常发生的事情。[57] 再如美国独立战争时期，在 13 个前殖民地当中，至少有 8 个官方教会，其余 5 个中至少有 4 个官方的宗教。在制定宪法的时候，在 13 个州中，只有弗吉尼亚与罗德岛有完全的宗教自由，其他 11 个州则仍然直接或间接地保留着官方宗教或教会：马塞诸塞州（公理教会），新罕布夏州（新教教会），康涅狄卡州（基督教会），南卡罗林州（新教教会），及马利兰州（基督教会）等 5 个州，均公开支持州教会；纽约州排斥天主教徒的公民身份；

53 〔英〕米尔恩著，夏勇译：《人的权利与人的多样性：人权哲学》，中国大百科全书出版社，1995，第 84 页。

54 苏瑶崇：《论宗教冲突与和平——以二十世纪为例》，载《台湾人文生态研究》，2001年第 2 期。

55 〔美〕斯达克等著，杨凤岗译：《信仰的法则：解释宗教之人的方面》，中国人民大学出版社，2003，第 270 页。

56 李向平：《"宗教生态"，还是"权力生态"——从当代中国的"宗教生态论"思潮谈起》，载《上海大学学报》，2011 年第 1 期。

57 〔美〕德拉姆、〔美〕沙夫斯著，隋嘉滨等译：《法治与宗教：国内、国际和比较法的视角》，中国民主法制出版社，2012，第 7 页。

新泽西州及北卡罗林州等州规定新教徒为州议员的必要条件；宾西尼亚州规定人民必须信仰上帝，而且只有基督教徒才能够享受选举和出任公职的权利。[58]可以看出，这种压迫不仅仅表现在不同的宗教或者宗教内不同的派别之间，其直接表现为社会多数成员对少数群体的压迫，也包括宗教信仰者对非宗教信仰者的压迫或者相反，但值得注意的是，以上的这些歧视与压迫都与公权力的倾向性有关，也就是说唯有公权力的介入才会导致宗教竞争的极端化发展。闫莉曾提到国家应衡量不同宗教群体的利益和负担，并平衡不同宗教群体之间的利益。[59]笔者认为这种观点明显违背了国家中立原则，宗教所具备的排他性必然导致宗教或宗教派别之间的教际冲突，[60]这种在意识形态或理论上的冲突事实上也是宗教发展的重要推动力量，国家以公权力对之进行利益权衡无疑会导致对宗教的区别对待，事实上国家对宗教的管控仅应停留在一般的法律底线之上，而不应该有任何的特殊性对待。诚如 1972 年发生在爱尔兰的 Quinn's Supermarket ltd. v. Att. Gen 案中所提到的，"这份判决对同时期的各宗教宗派给予了明确认可，无论它们知名或不为人知。它并不偏袒任何一方，也没有赋予谁特权，也没有限制或降低任何宗派的地位。它也不允许政府这么做"。[61]

前文在分析宗教冲突时笔者引用了周星提及的"狐仙信仰"与"奉教的"在特定地域内的纠纷，其认为在根本上这反映的是中国宗教生活的模糊性与"合法宗教"定义之间的矛盾，进而提出了"民俗宗教"与"民族宗教"的定义，希望国家对"合法宗教"的内涵外延进行适当的调整以解决这类问题。[62]笔者非常认同此种观点，与其说是对各种民间信仰进行保护，到不如说政府需要做的仅仅是认可他们，不同宗教之间的冲突与分歧是一种正常的现象，

---

58 可参见荆知仁著：《美国宪法与宪政》，三民书局，1991，第 341 页。

59 闫莉著：《宗教信仰：自由与限制》，社会科学文献出版社，2012，第 103 页。

60 对于宗教的排他性与兼容性有学者曾提出质疑，笔者此处不意于讨论到底排他还是包容才是宗教的根本色彩，因为在不同的宗教身上此两种特性所占据的份额并不相同，笔者所要表达的是在教际冲突中对公权力的限制，即"能像搞活经济那样建立'宗教市场机制'吗？能像治理环境那样恢复'宗教生态平衡'吗？这不仅不符合'国情'与'教情'（宗教现状），恐怕也没有哪个现代化国家会如此干预宗教事务"。详见张志刚：《当代中国宗教关系研究刍议》，载《北京大学学报》，2011 年第 2 期。

61 Quinn's Supermarket ltd. v. Att. Gen，I.R.I at 24（1972）

62 周星著：《乡土生活的逻辑》，北京大学出版社，2011，第 312-326 页。

宗教之间的对峙与融合也是宗教发展的自然道路。作为政府部门完全没有必要去评判哪种宗教是"正当的",而只需在合理合法的范围内对这种客观现象进行认可便已经足够,过多的干涉甚至有可能适得其反,即便是善意的。这也再次印证了本文最初所阐述的,法律上对宗教的界定应当是以一种最广泛的形式予以涵摄。

再以下面这个田野调查为例,邱永辉在《社会转型中的规范化与变通性》[63]一文中以江苏省 J 市为例介绍了这样一个事件。J 市基督教"两会"(即"J市基督教三自爱国运动委员会"和"J 市基督教协会")的所在地 N 镇,一位资深基督教徒在 1980 年从上海退休回老家时,只在镇上找到两三名经过"退教运动"已经被迫退教的农民。这位并没有按立任何圣职的、自封的"传教人",却在次年即为 26 名慕道友受洗,1983 年受洗人数更达至 261 人,且受洗信徒来自 12 个乡镇,造成强大震撼力。于是,当时的县委县政府派出调查组,蹲点进行了一年的调查。这项调查工作的结果是:(1)调查组承认未发现传教人的任何政治、经济、生活方面的问题,认定该聚会点不是邪教组织;(2)在调查组批评该传教人未立圣职即施行洗礼的"不规范行为"后,立即报请县委县政府,让基督教徒成立"基督教三自爱国运动委员会筹备组"、批准 N 村为基督教聚会点,并继而批准开放 J 市城区和 S 镇的基督教场所。1995年 11 月,J 市基督教"两会"宣告成立,"两会"在县委县政府的领导下"做了大量工作,取得了显著成效",全市基督教信徒亦从 1993 年的 6200 多人,发展到 2008 年的 10000 多人,批准堂点从 1995 年的 9 个,发展到 2009 年的16 个。毋庸置疑,J 市基督教在政治引领之下取得了明显的进展,虽然无法预测如果没有政府的介入,J 市的基督教会呈现出什么样的发展态势,但从现实情况来看,政府的引领推动了当地基督教的发展是确定无疑的。但享受"权利"的同时就势必要承担"义务",这在宗教与政治之间就会产生一定的冲突,"针对有些教徒认为教会是独立的,不应与社会挂钩,因此不愿参加庆祝新中国成立 60 周年的活动时,'两会'领导人则进行讲道活动,讲神学和社会的关系,讲圣经上的圣人也是进入社会的人,当了解到一些教徒是基于'真神的不能与假神的在一起搞活动'时,'两会'领导人则讲圣经中'分别为圣'的教导,讲让社会了解基督教的重要性。"当然,在陈述这样一个事件时首先

---

63 邱永辉:《社会转型中的规范化与变通性》,载《宗教人类学》(第 2 辑),社会科学文献出版社,2010,第 113-121 页。

要说明的是笔者并不是要抹杀社会生活中的宗教参与，正如宗教学二律悖反原理所要说明的，虽然不同的宗教哲学有着不同的旨趣，在一定程度上却可以在不同的社会中直接移植。但宗教组织作为一种社会组织，必须适应其所生存的社会环境，否则就难以在其中存活下去。但这种公权力干预应该仅停留在一定的范围之内，即法律的底线性制约当中，否则就会容易产生反作用。如邱永辉在田野调查中发现，J市政府部门在一系列背景原因之下，采取了扶植佛教的策略，主导进行了几个大佛寺的重建。佛教寺庙已大大多于基督教堂点，仅一个大寺就有近 20 个和尚，春节一天的烧香者达 2 万人，警察维持交通秩序的任务十分繁重。基督教团体普遍感到政府"偏重佛教"，对于"乡镇为了显示古老就修庙，还说是古庙"的说法，基督教徒说这叫"莫名其妙（庙）"！基于此，邱永辉认为基督教徒对佛教及其信徒的某些负面看法，与政府官员对不同宗教的区别、认识和态度，特别是有关部门在行为上的偏差，有直接的关系。如果说不同宗教之间的区别性政策还与区域文化有着一定的关联的话，那么对单一宗教内部的派别调控就无疑显得没有来由了。J 市教会的堂点中，仅有 Z 堂属于安息日会，其他的均自称为"主流派"。长期以来，属于"主流派"的各教堂点与 Z 堂之间的关系，一直处于矛盾、隔离和冲突之中。其他堂的长老认为：安息日会的信仰内容与我们冲突。他们只看旧约，圣经听一半，不信新约；有些东西，如吃肉、喝茶、吃粗米等，本身与信仰真理无关，他们却胡乱解释。除信仰内容外，"主流派"与安息日会的冲突还在于"抢羊"，"主流派"对于"他们到处发小册子"，表示十分不满。针对这种情况，"宗教事务管理干部下了很大的力气，维护基督教内不同堂点和团体之间的团结和和谐。"这种下大力气的调控到底是否必要其实就是当今国家对宗教管理政策的一个重大的盲区。究竟宗教管控的界限在哪？事实上许多学者很早就提出了教会和国家之间的分离会刺激宗教努力，[64]相反无论出于何种目的与动机，过多的宗教管制只会导致宗教之间的冲突与宗教发展的僵化。有学者曾总结了国家对宗教的过多干涉可能到导致的不良后果，第一，国家经常干扰，甚会把它的观点强加给教会的教导和实践——其方式必然使得教会不够严格；第二，使宗教神职人员懒惰；第三，使俗众也懒惰，被训练得把宗教当成免费的；第四，尽管宣称有宗教自由，在所有这些国家中，国

---

64 〔美〕斯达克等著，杨凤岗译：《信仰的法则：解释宗教之人的方面》，中国人民大学出版社，2003，第 273 页。

家直接干预并且限制国家教会的潜在竞争者。[65]也就是说，宗教冲突的原因绝不在于宗教自由，而是存在于某一特定宗教或宗教信仰与一些其他价值之间。在这种情况下，宗教或信仰自由保护个人持有其宗教或宗教信仰的权利，即使该信仰可能会造成冲突，但是宗教信仰自由本身并不是造成对立的根源。[66]相反，过度的宗教管制貌似在一定程度上压制住了暂时的宗教冲突，但特定宗教与他种价值体系之间的分歧并不会因此烟消云散，更有可能的情况是，这种强制性的干涉会扩大原本可以在宗教自由范围内自然消解或融合的冲突从而引起更大的混乱。在功能良好的社会，宗教组织几乎从未从暴力行动中获得好处，真正的暴力教派倾向于出现在国家政府压制宗教自由、偏宠一种宗教甚于其他之上的国家。因为在这些情况下，一个不受宠的教派就有强烈的动机去反对政府、痛恨国教，并觊觎伴随国家支持而来的好处。当国家偏爱一个宗教团体时，冲突和好战变得普遍起来，并增加了各方的风险。宗教自由提供了抑制宗教狂热主义的最好保证。[67]虽然宗教信仰方式的异同会在不同程度上构成不同深度的制度依赖，但一个具有法治化管理特征的宗教制度也能通过塑造宗教行动者的信仰方式，通过协调其合作与冲突的关系，来构造宗教政治的情景，并对其社会、政治结果产生重要的影响。[68]中国的国情决定了宗教在中国必定是多元化的，个人的宗教信仰选择是多样的、分散的。作为社会公共利益的协调者和维护者，国家应允许宗教在法律范围内竞争、发展，保护民众对各种精神信仰产品的自由选择权。[69]

此外还需要说明，除去国家权力的干预问题，一个健康运转的社会本身就需要多元的宗教存在。宗教的独占，即便在国家的强力支持下，也不可能完全成功。这主要是因为独占的宗教往往仅能提供单一产品（宗教服务），不可能同时兼顾严格与宽松、入世与出世、排他与兼容等面向，否则将自相矛

---

65 〔美〕斯达克等著，杨凤岗译：《信仰的法则：解释宗教之人的方面》，中国人民大学出版社，2003，第 282 页。

66 〔美〕德拉姆、〔美〕沙夫斯著，隋嘉滨等译：《法治与宗教：国内、国际和比较法的视角》，中国民主法制出版社，2012，第 373-374 页。

67 Iannaccone、Laurence R. And Eli Berman，"Religious Extremism: The good, the bad, and the deadly"，Public Choice，2006，p.128.

68 赵翠翠、李向平：《法治中国视域下宗教关系的协调与平衡》，载《华东政法大学学报》，2017 年第 2 期。

69 刘澎：《再谈关于中国宗教问题的战略思考》，载《领导者》，2010 年 6 月。

盾。然而人们因各自阶级、性别、年龄、人生经验与社会化过程等不同，而对不同面向的宗教产品有需求，单一宗教团体的宗教服务打从一开始便注定无法同时满足各种信徒的不同需要，这是任何宗教团体试图垄断宗教市场时所面临的内在局限。[70]

二、对劝诱改宗的法律处理

此外在讨论宗教竞争与冲突时还必须涉及到一个非常具有争议性的法律问题，即对劝诱改宗的法律态度。美国 1940 年的 Cantwell v. Connecticut 案可以算得上是关于劝诱改宗问题的标志性案例，根据当时康涅狄格州的普通成文法规定，禁止在没有官方许可的情况下传教。而坎特威尔一家在纽黑文市的卡西乌斯大街挨家挨户地传教，请求他们遇见的每一个人允许他们播放一张唱片并且努力地向他们卖书或者请他们为该书的出版成本捐款，这种行为无疑违反了康涅狄格州的规定。更为重要的是卡西乌斯大街是一个人口密集的住宅区，有大约百分之九十的人是罗马天主教徒。最高法院认为各州可以通过一般性的和无歧视的立法来规定街道上征求捐助和集会的时间、地点和方式；各州也可以通过其他方式保护社会的和平、良好秩序和舒适，但不能侵犯宪法第十四修正案保护的自由，因此康涅狄格州的法案并不属于这样的立法。[71]正如前文所述，宗教之间关于教理教义上的分歧是不可避免的，这也确实很容易导致不同宗教信仰者在行为上的对抗性，但公权力的介入不但不能防止或者减少这种宗教间的冲突，反而只会增添弱势宗教的不满。毕竟任何禁止劝诱改宗的规定都有一个逻辑前提，即国家以公权力保障原有宗教信仰的"官方"地位而禁止新宗教的介入。在实际上国家对劝诱改宗的关注应更多的放在具体的行为上，如有没有造成身体伤害的攻击或威胁、有没有残暴或粗鲁行为、有没有人身侮辱等等，而不是从一个整体的层面完全禁止宗教之间的博弈。再以 1993 年欧洲人权法院判决的 Kokkinakis v. Greece 案为例，该案由一位希腊公民迈诺斯·考基纳吉斯提出申请，他因触犯一部禁止劝诱改宗的希腊法令而被判有罪，该法令中这样定义"劝诱改宗"："直接或者间接地试图干预其他宗教教派的人的宗教信仰,通过各种方式的引诱——比如允

---

70 左绍棠:《中国大陆基督教政教关系：新制度论之研究》，政治大学硕士学位论文，2004，第 123 页。

71 Cantwell v. Connecticut, 310 U.S. 296（1940）

诺、道德支持、物质帮助，或者通过欺诈的手段，或者是利用他人没有经验、容易相信他人、有相关的需求、智力较低、天真幼稚等弱点，目的是消弱他人信仰的基础。"但正如考基纳吉斯本人所提出的，宗教作为"人类思想中不断持续更新"的一部分，是不可能被排除在公开辩论之外的。最终欧洲人权法院判决申请人胜诉，"在某些伪宗教团体的活动中发现的其他一些令人无法接受的行为——例如洗脑、违反劳动法、危害公共卫生和煽动伤风败俗的行为——成文法应当将它们作为普通刑事犯罪予以惩罚，在惩罚这些行为的同时，不应禁止劝诱改宗的行为"。[72]简言之，法律所需要禁止的并不是笼统的"劝诱改宗"，而应当是如何劝诱改宗，即在劝诱改宗中具体实施的行为，并且对这些行为的认定应当是以世俗标准进行的，而非以宗教教理教义标准。有时不同宗教或教派之间很难达成对劝诱改宗的一致定义——冲突源于对怎样才算是信徒的理解，[73]这种情况在宗教"弥散化"的中国而言似乎更为明显，毕竟没有国家公权力干涉的"劝诱改宗"本身就只是不同宗教教理教义之间的激辩而已。如在以色列劝诱改宗的行为本身并不是非法的，但是刑法规定禁止改变或试图改变未成年人的宗教信仰以及禁止提供与改教有关的物质利益。[74]

目前世界范围内对劝诱改宗问题最具争议的莫过于俄罗斯于1997年颁布的《良心自由与宗教结社法》，[75]该法律有效地在俄国设立了三个等级的宗教：获得完全的法律保护和各种国家援助的俄国东正教会及其成员；获得完全的法律保护但较少的国家援助的各种"传统的"基督徒、穆斯林、犹太教徒以及佛教团体与个人；仅获得敬拜与良心自由的形式上保证的所有其他宗教团体与个人。[76]由此而产生的关于国家公权力干预的劝诱改宗问题也轰轰烈烈的

---

72 申请号14307/88，1993年5月25日。转引自〔美〕德拉姆、〔美〕沙夫斯著，隋嘉滨等译：《法治与宗教：国内、国际和比较法的视角》，中国民主法制出版社，2012，第31-39页。

73 〔美〕威特、〔英〕布多尔多主编，刘洋译，隋嘉滨校译：《俄国的东东正教与劝诱改宗：争夺灵魂的新战争》，中国民主法制出版社，2013，第193页。

74 〔美〕德拉姆、〔美〕沙夫斯著，隋嘉滨等译：《法治与宗教：国内、国际和比较法的视角》，中国民主法制出版社，2012，第178页。

75 在该法案颁布之前，俄罗斯的各大宗教均呈现了不同程度的自由化发展，详见〔美〕威特、〔英〕布多尔多主编，刘洋译，隋嘉滨校译：《俄国的东东正教与劝诱改宗：争夺灵魂的新战争》，中国民主法制出版社，2013，第77-78页。

76 〔美〕威特、〔英〕布多尔多主编，刘洋译，隋嘉滨校译：《俄国的东东正教与劝诱改宗：争夺灵魂的新战争》，中国民主法制出版社，2013，第11页。

开展至今，其中最为明显的不良影响即现代俄国基于"民族爱国主义"、民主改革主义或其他原则的任何重大社会——政治运动都必须努力定义东正教在现代社会中的角色和位置，[77]这无疑形成了一种畸形的"政教合一"。需要指出，有学者认为俄罗斯劝诱改宗问题不单纯是国家公权力的干涉所致，"而是因为面对宗教运动新的不习惯的发展时的方向迷失和缺乏理解"，"目前和未来可能的宗教间冲突的主要原因是整个民族的宗教和意识形态信念的大衰败，而非某些宗教团体个别的'劝诱改宗'兴趣"。[78]但这种视角也正是俄罗斯为特定宗教提供优待的理由之一，"在现今正发生在俄国的危机性甚至灾难性的过渡期间——从一党政治体制到多党民主，从庞然一统的信仰体系到意识形态多元化，从计划经济系统到市场经济——国际法中公认的文化适应原则允许它支持将优先地位和享有国家特别支持的权利给予所谓的传统宗教的法律"。[79]值得关注的是在一些俄联邦宪法法院关于宗教团体自由案的裁决中，如何认定宗教团体的合法地位出现了模糊，其中较为典型的即雅罗斯拉夫市耶和华见证派宗教团体申诉案和基督教正教会申诉案。[80]两个宗教组织在申请注册时均遭到了检察机关的拒绝，争议的焦点就在于如何认定他们是否连续活动满 15 年期限。两个宗教组织先后向宪法法院提出申诉，请求联邦宪法法院审查 1997 年俄《良心自由与宗教结社法》中第 27 条第 3 款、第 4 自然段的合宪性。[81]宪法法院做出的裁决引人思索，其认为以上两个宗教组织已经在 1992 年就成立并通过了国家登记，此后又相继在 1999 年 3 月和 6 月进行重新登记，取得法人资格。因此这两个宗教组织不属于新成立的组织，就无需再

77　〔美〕威特、〔英〕布多尔多主编，刘洋译，隋嘉滨校译：《俄国的东东正教与劝诱改宗：争夺灵魂的新战争》，中国民主法制出版社，2013，第 133 页。

78　〔美〕威特、〔英〕布多尔多主编，刘洋译，隋嘉滨校译：《俄国的东东正教与劝诱改宗：争夺灵魂的新战争》，中国民主法制出版社，2013，第 79-83 页。

79　〔美〕威特、〔英〕布多尔多主编，刘洋译，隋嘉滨校译：《俄国的东东正教与劝诱改宗：争夺灵魂的新战争》，中国民主法制出版社，2013，第 248 页。

80　刘春萍：《俄国法律对宗教保护与限制的历史检视》，载《环球法律评论》，2012 年第 4 期。

81　该法第 27 条的规定包括 5 项内容，其中与该申诉关系密切的是第 3 项中规定"没有证明其在相应地区存在不少于 15 年证明文件的宗教团体，在 15 年期限到达前如果每年都重新登记，也拥有法人权利"，也就是说，在俄联邦法律生效前建立的宗教团体，应在 1999 年 12 月 31 日前完成国家重新登记，超过期限而未登记的，则按照国家登记机关的请求，并依照司法程序予以撤销。

经过每年的重新登记，但并不认为该条款违宪。虽然有论者认为"宪法审判越来越在保护法治国家、保护人和公民的基本权利和自由的原则方面，在审查法律和其他规范性文件的合宪性方面，在解决国家机关的职权纠纷方面，在保障宪法的直接效力等方面积累了力量和权威"，[82]但事实上检察机关与宪法法院对宗教组织认定标准的分歧、实践中的模糊都在一定程度上说明了宗教组织合法地位的不确定性。

值得高兴的是，现实中许多宗教人士都已经敏锐地认识到了社会价值多元化的客观事实，并尽可能地融入到这种多元价值共存的社会现实当中以避免宗教冲突，如俄罗斯宗教与法律研究所主任阿纳托利·奇格林采夫就强调"只要有可能，我们必须尊重所有宗教的权利，并与其他基督徒合作"。[83]如果把宗教竞争放在一个较长的历史时限中进行观察的话，那么最终的结果一般都是融合性的。我们不妨再来看一个关于泰国佛教的例子来说明宗教之间的良性竞争。根据龚浩群对泰国信仰阶序的研究，佛教是泰人信仰领域的核心要素，并在泰人社会整合中发挥了至关重要的作用。这体现为两个方面的论点：在微观层面上，佛教促成了社区团结；在宏观层面上，佛教是泰人社会政治结构的宗教基础。可以说这类研究将佛教视为泰人信仰领域的总体性事实，亦即唯一重要的事实。但这并不是说泰国就不存在他种形式的信仰，龚浩群同时也提到，泰国在所有的仪式之前，人们都要先皈依佛，无论是祭拜野鬼、祖先、土地神还是聚落神。如果将佛教和鬼神崇拜统称为信仰的话，那么在这个领域会发现一种有趣的阶序，佛与鬼神之间不仅有价值上的高低之分，而且还存在含括关系；即使在佛教内部，也存在不同派别之间的高低之分。[84]也就是说，在泰国做为一种宗教哲学的佛教教义在某种程度上已经成为了国家和民族的道德基础，佛教教义已经内化成为了世俗世界的道德指引。当然这种情况的形成或许有着政治导向的因素，但作为是一个极其漫长的历史进程，无论如何最后的结果是在泰国宗教内部形成了一个相对稳定的阶序，各种不同的信仰能够在政府可控的范围内和谐并生。这样一种状态如果仅仅

---

82 转引自刘春萍：《俄国法律对宗教保护与限制的历史检视》，载《环球法律评论》，2012年第4期。

83 〔美〕威特、〔英〕布多尔多主编，刘洋译，隋嘉滨校译：《俄国的东东正教与劝诱改宗：争夺灵魂的新战争》，中国民主法制出版社，2013，第298页。

84 龚浩群：《佛与他者：现代泰国的文明国家与信仰阶序的建构》，载《宗教人类学》（第2辑），社会科学文献出版社，2010，第60-61页。

依靠政治手段恐怕是难以达成的，更多的还是要依靠宗教之间的良性竞争，并且经过与其所依附的社会环境长期互动才能实现的一种理想的状态。[85]正如有学者指出，在泰国这个唯一信奉佛教的君主立宪制国家，似乎看不出佛教在政治中有任何作用。[86]也就是说，通过宗教的良性竞争而形成的原生态宗教序列就算是以某种宗教为主导地位而存在的，也是与政治主导型宗教序列有着明确的区分。

第三节 "邪教"犯罪的刑事化处理

"邪教"究竟指代的是何种含义，这本身就是一个极富争议的问题。[87]较具代表性的如西班牙学者罗德里格斯认为"邪教是指所有那些采取可能破坏（搅乱）或严重损伤其信徒的固有性格这样一种胁迫手段来招募徒众和散布教义的团体或集群，那些为了自己的存在而完全（或严重）破坏其信徒同原有的社会生存环境、乃至同其自身的感情联系及有效沟通的团体或集群，以及那些他们自己的运作机制破坏、践踏在一个法治国家里被视为不可侵犯的法定权利的团体或集群"，并称"这个有关邪教的定义的建议已经得到普遍认同。因为他刻意避开了一切以宗教、哲学、政治乃至道德观念为出发点的所有鉴定因素，主要依据的是人权标准"。[88]尽管此种概念具有了相当程度的客观性，但如果仔细分析，诸如"信徒的固有性格"、"原有的社会生存环境"等用语仍然有很大的解释空间，尤其是"一个法治国家里被视为不可侵犯的法定权利"更是让"邪教"这一概念在不同的主权国家之间有着极大的区别性。

杨合理曾以美国为例分析到，涉及刑事问题的宗教行为由刑法规范，因此一经定罪就不存在是否受到第一修正案保护的问题，所以在美国邪教往往

---

85 关于泰国的佛教传统与现代化路径的更多分析，请详见龚浩群著：《信徒与公民——泰国曲乡的政治民族志》，北京大学出版社，2009 年版。

86 〔英〕霍布斯鲍姆著，林华译：《断裂的年代：20 世纪的文化与社会》，中信出版社，2014，第 203 页。

87 事实上 sect、cult 在不同的西方国家所容扩的内涵也是有所区别的，而中国刑法的官方英译本中则将"邪教"译为 Weird Religious Organization。可参见习五一：《简评美国<1998 年国际宗教自由法案>》，载《新疆师范大学学报》，2010 年第 3 期。

88 〔西班牙〕罗德里格斯著，石灵译：《痴迷邪教——邪教的本质、防范及处置》，新华出版社，2001，第 14-15 页。

不会引起宗教定义的争论。邪教之所以是邪教，只是就其刑事行为而言，即使它被承认为宗教，但是其刑事行为不受第一修正案保护。相反，邪教的信念本身无论多邪，只要它的实践形式不违法，它依然受到宪法第一修正案的保护。[89]正因如此，美国的立法者也一直拒绝对"假宗教"、"伪宗教"等词汇做出法律上的定义，[90]而更多的是以刑事犯罪案件，如虐待儿童罪、暴力倾向、逃税、欺诈、非法聚财、性滥交等作为指控依据。[91]笔者非常赞同这种观点，虽然中国在《最高人民法院、最高人民检察院关于办理组织和利用邪教组织犯罪案件具体应用法律若干问题的解释》中给邪教组织做出了以下定义："邪教组织是指冒用宗教、气功或者其他名义建立，神化首要分子，利用制造、散布迷信邪说等手段蛊惑、蒙骗他人，发展、控制成员，危害社会的非法组织。"但实际在中国刑法的规定中也存在这样一个潜在的逻辑，《中华人民共和国刑法》第300条规定："组织和利用会道门、邪教组织或者利用迷信破坏国家法律、行政法规实施的，处三年以上七年以下有期徒刑；情节特别严重的，处七年以上有期徒刑。组织和利用会道门、邪教组织或者利用迷信蒙骗他人，致人死亡的，依照前款的规定处罚。组织和利用会道门、邪教组织或者利用迷信奸淫妇女、诈骗财物的，分别依照本法第二百三十六条、第二百六十六条的规定定罪处罚。"从该条文就可以看出，无论是会道门还是邪教组织，其都是从事违法犯罪活动的一种具体表现形式，至少在定罪层面仍然需要与其他具体的罪名相结合才能够得以成立。[92]

之所以很难对"邪教"本身直接进行法律制约的原因就在于，这样很可能会形成一种"身份犯"的刑罚标准。以法国为例，1995年法国议会成立了一个旨在识别和调查所谓宗派和新兴宗教活动情况的反邪教委员会，该反邪教委员会于1996年1月10日向议会提交了一份经法院裁定没有法律效力的报告，报告将包括"耶和华见证人"在内的172种宗教组织界定为有害和危险的邪教组织。一个名叫凯瑟琳·古雅德的女教师在法国一家专科学校任职

---

89 杨合理著：《论宗教自由的法律保障》，中州古籍出版社，2012，第43-44页。

90 Bryan Wilson、Jamie Cresswell，"New Religious Movements"，Routledge，1999，pp.220-221.

91 郭安主编：《当代世界邪教与反邪教》，人民出版社，2003，第272页。

92 有学者曾详细列举"邪教犯罪"的众多表现形式，可详见樊学勇，陶杨：《惩治邪教犯罪的基本法律问题》，载《宗教、教派与邪教——国家研讨会论文集》，广西人民出版社，2004，第362-364页。

了 18 年，其于 1996 年 9 月突然发现自己成为公众详细审查的对象。原来当地的家校协会召集了一个邀请所有家长的特别会议，会议邀请函称："你的孩子将被委托给'耶和华见证人'宗教组织成员的教师培养。我们邀请你们参加 1996 年 9 约 2 日上午 8：30 召开的会议讨论这个问题。"会议的结果是该女教师被迫辞职，后来她发现一个损害其声誉和招致歧视性态度的小册子被广泛散发给家长和张贴在学校海报栏。[93]由此可见，尽管此处"邪教"的定义没有被正式法律化，但宗教信仰者还是因为潜在的"邪教"界定而遭受到了因其身份而导致的不利后果，这明显侵犯了"不因宗教信仰而丧失任何正当权益"的宗教自由。如果政府和其他官方赞助的报告不公布这样的名单——暗示名单上的这些宗教、宗教社团或组织在某种意义上是危险的或不受欢迎的，而其他宗教、宗教社团或组织并非如此，那么，至少一些无根据的歧视的概率可能会减少很多。因此，关于特定的宗教是否构成犯罪的决定不应当取决于一个标签或他们是否被列入了名单，而应当取决于这一运动团体（或者它们的成员）在法庭上是否被指控犯有某些刑事犯罪活动。[94]

那么沿着以上的研究进路，如果从对"邪教"进行有不利后果的惩戒性法律规定的角度出发，界定标准就不应是宗教性的或道德价值性的，而应主要依附于世俗的法律标准。换句话说，从法律层面在严格意义上并不应当存在"邪教"这样一个定义，而只有遵守法律规定的或违反法律规定的宗教组织或个人。至于观念上的"正"、"邪"与否则应是哲学或宗教学上的概念梳理。有学者曾指出，如何判别邪教是一个具有实际意义的问题。在宗教多元化的现代社会，宗教观念中的正邪已不再成为判别'正'与'邪'的标准。[95]当一个宗教组织逐步走向反社会、反人性的道路，其行为活动违反了社会的基本道德和法律时，我们就可以将之定为邪教。这个标准是一个世俗的标准，它以法律为准绳，因此具有政治性和社会性。[96]即"邪教"这一概念的"邪"

---

93 Keturah A. Dunne, "Addressing Religious Intolerance in Europe：The Limited Application of Article 9 of the European Convention of Human Rights and Fundamental Freedom"，30 Cal. W. Int'I. J 117，1999.

94 Eileen Barker， "Why the Cults？New Religious Movements and Freedom of Religion or Belief"，in Lindholm（ed.），Facilitating Freedom of Religion or Belief：A Deskbook，Martinus Nijhoff，2004，pp.571-580.

95 高师宁：《邪教的主要特征和形成的内在条件》，载《中国宗教》，1999 年第 4 期。

96 戴康生主编：《当代新兴宗教》，东方出版社，1999，第 315 页。

可以从两个维度来理解，有学者将其简单概括为宗教的评断与法律的评断。[97]首先教理教义上的"邪"只是哲学或宗教学上的概念，这并不影响其作为一个宗教的本质存在，而只是因该种宗教的价值体系与他种价值体系之间的冲突而产生的评价性结果。如美国学者菲尔·朱克曼就曾以一名从小在一个无宗派归属的、福音—灵恩信仰的信教教区长大的学生，和一名从小是天主教徒的学生两者之间对彼此不同信仰之宗教仪式的感知与看法为例证明"某个人的宗教，对另一个人来说乃是邪教"。[98]其次，法律层面宗教行为意义上的"邪"则是从世俗法律的角度出发，指该种宗教的具体行为违反了世俗法律的某一种或多种禁止性规定，因此其要承担相应的法律责任及法律后果，主要依据是它们对社会是否造成危害，[99]宗教不能成为邪恶行径的理由，因而也不能成为掩护作奸犯科的庇护所。[100]鉴于这种区分，笔者主张"邪教"应当仅局限在以上第一个层面的分析中，在第二个层面上并不应当使用这样一个具有强烈价值判断的概念性术语。[101]事实评价标准具有统一性，价值评价标准具有差异性，不同国家乃至同一国家的不同时代可能有不同的价值评价标准。[102]在第一个层面，所谓的"正"与"邪"之间具有一定的相对性，在不同的历史阶段，不同性质的政权或统治集团、不同的主流文化、不同的民族宗教，都有其各不相同的邪教观。如在某一社会发展阶段被当做正教的，可能会在后来某一阶段被改称为邪教；被某一政权或统治集团奉为正教的，也可能会被与其敌对的政权或统治集团贬为邪教；在某一文化体系中堪称正教

97 陆中俊主编：《（中国）对当代邪教组织犯罪问题的对策与治理》，中国人民公安大学出版社，2005，第3页。

98 〔美〕菲尔·朱克曼著，曹义昆译：《宗教社会学的邀请》，北京大学出版社，2012，第72-73页。

99 赵匡为：《中国邪教组织的宗教性及其特征》，载《宗教、教派与邪教——国家研讨会论文集》，广西人民出版社，2004，第123页。

100 〔德〕萨缪尔·普芬道夫著，俞沂暄译：《就公民社会论宗教的本质和特性》，上海三联书店，2013，第13页。

101 也有学者认为所谓的"邪教组织"应当兼具以上两个层面的特性，如孔祥涛认为一个团体必须同时具备三个要素才构成邪教组织：利用宗教性或哲学性邪说；结成较为固定的组织；有危害人权、破坏社会秩序的行为。详见孔祥涛：《邪教问题论纲》，载《宗教、教派与邪教——国家研讨会论文集》，广西人民出版社，2004，第179页。

102 刘正峰、周新国著：《邪教的法律治理》，社会科学文献出版社，2012，第37页。

的，也有可能被另一文化体系斥为邪教；被某种民族宗教承认为正教的，也可能会被另一民族宗教当成邪教。[103]

然而第二个层面，也就是以行为结果为判断标准的法律层面应该用什么样的术语定义所谓的"邪教"呢，这里笔者比较倾向于宗教极端主义这样一种说法。学界对宗教极端主义的定义主要有以下几种表达方式，如"为了宗教目的而故意对平民施行暴力的行为"，[104]"宗教极端主义是指任何群体或个人因宗教目的而施行的以恐吓个人、平民或政府的暴力行为，或对暴力的恐吓性使用。宗教极端主义经常以强加的或自我强加的身体的、心理的、象征性的或精神性的袭击为特征，以实现群体或个人的目的"。[105]结合这些定义就可以看到，对宗教极端主义的界定多是从行为的暴力性上出发的，当然宗教性是这种行为的原因或者特征，但宗教极端主义更为主要的乃是强调宗教行为导致的暴力性后果，而不是教义的奇异性或非理性特征。[106]也就是说，宗教性的犯罪行为与非宗教性的犯罪行为之间最为主要的区别在于犯罪的主观意图，[107]而并不是犯罪的结果评判。以日本最高法院1963年的"精神障碍少女加持祈祷治疗案"[108]的具体司法实践为例，该案的基本案情是僧侣某甲接受被害人某乙家人的委托，为患有精神疾病的某乙进行"加持祈祷治疗"，在某乙家设置了一个"护摩坛"，让某乙坐于其上，并在坛下焚烧线香。整个"治疗"持续约3个小时，总共焚烧了800多束线香，期间由于无法忍受灼热，某乙多次挣扎，某甲则将其强行捆绑在坛上，并多次殴打某乙阻止其挣扎。在整个"治疗"结束约1个小时后某乙死亡。经鉴定死亡系因全身多处烫伤，加之其他因素所引发的急性心脏麻痹。最高法院在判决理由中明确指出，《日本国宪法》第12条和第13条确立的"公共福祉"标准对"信教自由"进行

---

103 郭安主编：《当代世界邪教与反邪教》，人民出版社，2003，第4页。

104 Ishtiaq Ahmad，"Religious Terrorism"，in Gabriel Palmer-Fernandez（ed.），Encylopedia of Religion and War, New York and London: Routledge, 2004, pp.423-428.

105 Dawn Perlmutter，Inestigating Religious Terrorism and Ritualistic Crimes，Boca Raton，London，New York and Washington，D.C.：CRC Press，2004，pp.2-3.

106 Neil J. Kressel, Bad Faith: The Danger of Religious Extremism, Amherst, New York: Prometheus Books，2007，pp.53-54.

107 Bruce Hoffman，Inside Terrorism，Columbia University Press，2006，p.83.

108 日本最高裁判所刑事判例集第17卷第4号第302页以下，转引自冯玉军：《日本宗教法律的实施及对（中国）的启示》，《学术交流》2014年第8期。

了限制，并且某甲的行为也已经脱离了《日本国宪法》第 20 条第 1 款所规定的信教自由的保障界限。即无论宗教行为如何的荒诞不经，法律对其进行司法审判的标准仅仅是世俗法律，而不涉及宗教教理教义上的价值判断。1996 年东京高等最高法院在关于著名的"奥姆真理教案"判决中也是同样通过司法程序强制解散了该宗教组织，但并没有涉及其灵性或宗教方面的问题。再如台湾地区 1989 年的"宋七力"案，讨论的关键点并不在于宋氏是否真正拥有"神迹"，而是其使用了人工合成的虚假灵异照片进行销售盈利。"无论其分身发光及定身加持在一般观念里有多荒诞不经，国家都无权认定其为伪，并作为论以欺诈罪之依据"，"政府可以指控他贩卖假的发光照片，但不能指控他创设邪教或散布迷信"。[109]此类的案例还如乌干达法院曾于 2000 年签发对"恢复上帝十戒运动"维泰雷等 6 名头目的逮捕令，但指控的罪名为 10 起大量谋杀信徒罪。[110]事实上一些强调邪教犯罪特殊化处理的学者也在一定程度上认同以普通法律规范"邪教"犯罪行为的优势，这种方法在一定程度上简单易行，并减少了立法的繁琐性和重复性。[111]因此笔者认为对第二个层面，即以宗教为外在形式而进行违法犯罪活动的所谓"邪教"处理，也就是宗教极端主义行为，应严格依照现行法律、尤其是刑法的具体规范予以论处，而不应当涉及对宗教教理教义的法律评判。如台湾学者陈铭祥所指出的，"政府无法藉由'宗教登记法'分辨'正教'与'邪教'，这种分类乃违反政教分离之大原则"，"对于宗教活动或崇拜行为涉及非法者，法律只能为事后之追惩，现行刑法对此已有足够之规定。绝不容许国家藉由'宗教管理法'而为事前之审查"。[112]

当然笔者并不是要全然否认某些人利用宗教手段进而对他人进行精神控制和心理压迫的客观事实。有学者也对此提出疑问，如美国学者卫拉·艾伯尔提到："法律的本意以及个人权利与司法权力的界限这些最基本的问题，现在都受到了挑战。在多大程度上的宗教活动的自由能够确保不干涉宪法所保

---

109 尤伯祥：《宗教自由之权利内涵研究》，政治大学硕士学位论文，1998，第 190-194 页。对此案的分析还可参见王振中：《论当代台湾宗教自由变迁》，真理大学硕士学位论文，2012，第 55-63 页。

110 郭安主编：《当代世界邪教与反邪教》，人民出版社，2003，第 339-340 页。

111 朱俊强：《论邪教犯罪对个人法益的侵害与刑事立法》，载《宗教、教派与邪教——国家研讨会论文集》，广西人民出版社，2004，第 349 页。

112 陈铭祥：《宗教立法与宗教自由》，载《月旦法学》第 24 期，1997 年。

障的他人的自由权利呢？倡导宗教自由和滥用洗脑手段的区别又在哪里？我们如何界定这二者的区别呢？"[113]依笔者管见在讨论这种现象时我们必须时刻把握法律的界限，即以具体行为及结果为判断标准。对精神控制和心理压迫的评判除了从法律方面考量之外其实还存在着许多其他的视角可供观察，如俄罗斯学者斯佩兰斯卡娅·叶莲娜就曾针对当民众接受传教时如何审慎地对待与接受陌生宗教的合理化建议。[114]再如美国关于"离教咨询"、"战略影响法"的一种心理咨询方式，即前"邪教"成员为"邪教"信徒及其家长提供大量鲜为人知的内幕消息，警醒教徒尽快摆脱"邪教"，[115]以及法国的"保护家庭和个人协会全国联合会"等等。[116]甚至有学者提出，关于"意识控制"，以及小规模宗教群体成员能以某种方式改变其他成员的大脑功能让他们想、做他们本来不会去想、做的事情之能力，并无有效的经验证据可以证明。[117]虽然笔者并不绝对赞同这种观点，但值得肯定的是，精神控制和心理压迫不仅仅是宗教的专属产品，如果将这一现象做扩大化解释的话，那么许多意识形态之争可能都无法独善其身。也就是说，宗教与暴力（具体的违法犯罪行为）之间的关系并不在宗教，而是作为宗教实践者的人。宗教之所以导致暴力，是因为作为行动者的人对它的诠释和利用。[118]如巴基斯坦前总理贝纳齐尔·布托就曾对"圣战"问题进行解释说明，"我认为因为对一个基本词语'圣战'的错误理解，使得世界上对暴力是否是伊斯兰教的中心信条存在非常大的混乱理解。因为恐怖分子把他们的杀戮行为自称为圣战，所以世界上的大多数人开始认为恐怖主义是一种诫命，是伊斯兰教针对其他人类发动的圣战。人们应当立即改变这种认识。世界上很多人认为'圣战'仅指军事战争，但事

---

113 转引自曹新宇：《当代美国政治与极端教派活动——以韦科案为例》，载《论邪教——首届邪教问题国际研讨会论文集》，广西人民出版社，2001，第 210 页。

114 〔俄〕斯佩兰斯卡娅·叶莲娜撰，白云峰译：《"信仰自由"与"宗教安全"》，载《宗教、教派与邪教——国家研讨会论文集》，广西人民出版社，2004，第 374-375 页。

115 〔美〕斯蒂文·哈桑著，杨善录、杨菲译：《走出邪教》，安徽文艺出版社，2001，第 65-66 页。

116 孔祥涛著：《世界邪教问题与反邪教斗争》，广西人民出版社，2001，第 256 页。

117 〔美〕菲尔·朱克曼著，曹义昆译：《宗教社会学的邀请》，北京大学出版社，2012，第 32 页。

118 Clarles Kimball，When Religion Becomes Evil，New York：Harper San Francisco，2002，pp.32-33.

实并非如此。当我还是个孩子时就曾被教导'圣战'的含义是斗争"。[119]当然也有学者持反对意见,认为伊斯兰教规与恐怖极端主义者的诉求有着明确的联系。[120]但问题的关键在于行为人如何解释宗教的教理教义,毕竟文本是死的,作为行为主体的人才是活生生的。

此外还需要明确的是,每一个宗教都曾是一个新兴宗教运动,在其起源的时候很有可能有人将它视为激进和危险的宗教。[121]如有学者就曾以调侃的方式阐述到,如果有十个或五十个人坚信某类其他人不相信且缺乏经验证据的事物,人们可能会称这一群体为"邪教"。但要是有五百或五千人坚信与上述条件一样的某种事物,这样的群体就可被称为"教派"。以此类推,如果坚信者的人数上升到五万或五十万,我们正在谈论的就是"教宗"。如果这一数字是五百万甚至更多,我们得到的就是一个实实在在的"宗教"。[122]

119 Benazir Bhutto, Reconciliation: Islam,Democracy,and the West, Harper Collions, 2008, pp.20-22.

120 Mary Habeck, Knowing the Enemy: Jihadist Ideology and the War on Terror, Yale University Press, 2006, pp.3-5.

121 〔美〕德拉姆、〔美〕沙夫斯著,隋嘉滨等译:《法治与宗教:国内、国际和比较法的视角》,中国民主法制出版社,2012,第294页。

122 〔美〕菲尔·朱克曼著,曹义昆译:《宗教社会学的邀请》,北京大学出版社,2012,第82页。

结　语

　　概括地说，关于宗教自由界限的讨论其实无非两种观点，一种是宗教自由从属于一般公民权利范围涵摄之内，不能与其他公民权形成实质性对抗；另一种则是宗教自由有突破一般法律框架下的权利义务分界之资格。而第二种还可以进一步划分为对宗教自由的扩张性赋权与收缩性限权。张铮曾用"法治"与"自治"两个概念来形容这两种不同观点的区分，其认为前者承认国家法律具有至高无上的主权，也即承认"国家法之治"，而后者承认存在某些领域是国家法律无论以什么理由都不能涉足的；在该领域中，是其他法律而非国家法律具有主权，最典型的就是宗教领域。在对"自治"观点的论证中，其还特别提到了群体权利的理论问题，即人权意义上的权利不应当仅仅限于以个人为主体，某些宗教、文化和民族群体同样具有权利，并因此应当得到政府和他人的尊重。如果说个人权利在法院进行价值和利益权衡时应当成为压倒所有其他考量的"王牌"，那么群体权利也应当具有类似的对群体的核心利益进行保护的功能。[1]

　　而现实中在对群体权利与个人权利产生冲突时如何处理的问题上，许多人都有不同的意见。在笔者看来，这种分歧或许永远都不会有一个终极的标准。在讨论任何一个宗教群体的权利时，始终都会存在着另外两个必须纳入坐标系的"相关方"，即非宗教团体（甚至是反宗教团体）与他种宗教团体。如果承认某一群体的"法外之治"的话，那么这三者之间将永远无法维持一

---

[1] 张铮：《法治还是自治——从两个案例看美国宗教自由的张力与变迁》，载《比较法研究》，2015年第4期。

种可被同时接受的平衡。用多元主义来抗衡自由主义的逻辑盲点在于，法律的价值体系与国家行政管理的价值体系并不是完全重合的，法律对权利的保护如果突破了被动的角色，那么政治力量与法律权威就在一定程度上形成了联盟。即多元主义可以标榜自己的反理论特征，声称不需要一个新的正统，否则又会堕入它所诟病的基础主义和一元论，但是实践中出现的问题却迫切地需要解决。享有自治权的各种群体按照自身的逻辑自由发展，相互之间难免产生碰撞和冲突，如果国家不应当扮演仲裁者的角色，又由谁来填补这个空白？多元主义的唯一价值似乎是宽容，但如何保证宽容是所有自治的群体和个人的重叠共识？[2]如果个人或群体的"自治"权在多元主义的背景下发展到需要为每一方都单独进行要素裁量时，那么多元主义在某种程度上也就会沦为虚无主义了。

许多学者在评述各国宗教自由的相关案例时，始终强调一个利益衡量的法理念，这种利益衡量的两方中一方是国家公益，另一方是公民的基本权利，其中自然包括公民的宗教自由。学者们也基本达成共识，在这一法益衡量上国家公益并不必然具有优先性。但笔者所要强调的是，除此之外还涉及到另外一个问题，在某个具体的关涉宗教自由的案例中，除了国家公益与宗教信仰者的宗教自由，还存在着一个第三方，即非宗教信仰者或他种宗教信仰者的宗教自由。公民个人的基本权利在一个主权国家之下是并存的，宗教信仰者的宗教自由与非宗教信仰者的宗教自由在某种程度上说应当是对等的。当国家对某种宗教信仰者的行为进行任何特殊性赋权的同时，还要考虑到这种赋权是否侵犯到非宗教信仰者或他种宗教信仰者的宗教自由。也就是说，在同一或类似的事件中，如果非宗教信仰者不能以其他非宗教性事由对宗教信仰者的特权进行同等的合理性抗辩，那么宗教信仰者的宗教性特权或抗辩就值得怀疑。宗教信仰者宗教行为的自由应当不以凸显自身特殊性为前提条件，如果人人都以宗教自由为依据而赋予自身行为以特权的话，那么国家以及法律将无止境地去判断这一行为是否出于宗教信仰以及在多大程度上是出于宗教信仰，对宗教信仰及宗教虔诚性的司法判断无疑是愚蠢与徒劳的。与此同时，当某主权国家要对宗教信仰者或宗教组织进行某种权利的赋予或减损时，其行为依据并不应当是宗教性的，而应当是出于世俗的角度，即以一般性的

---

2 张铮：《法治还是自治——从两个案例看美国宗教自由的张力与变迁》，载《比较法研究》，2015 年第 4 期。

社会法律规范为依据。这也意味着政府或法律同样不能因为宗教信仰者或宗教组织的宗教性而将其排除在一般性权利之外，即国家如果在对公民个人或一般性社会组织进行赋权时，不能因为宗教信仰者及宗教组织的宗教性而减损这种一般性赋权。这些判断尤其适用在非传统宗教意义的宗教行为之上。

近年来宗教法律的发展一直是新闻的焦点，从宣称是渎神的漫画、坎特伯雷大主教关于伊斯兰教法的讲话，到涉及在学校和工作场所穿着宗教服装、佩戴宗教标识的大量案件，无一不具有新闻价值。人们对这些事件的关注恰恰反映出，国际、国内关于公众领域中多元化、宗教复兴和宗教极端主义的各种说法，正从政治、社会角度发生深切的变化。[3]只要宗教不会消亡的话，公众（包括其中的宗教信徒）为使自己未来能更好地论辩、活动以及增进理解，而愿意对未来做出展望就不难理解了。同其他领域一样，没有哪一方面会是单纯的"宗教"问题，而是一系列进入视野的值得关注的新问题。[4]因此在分析宗教自由的相关问题时，不应该存在"谈宗教而变色"的法律观，法律所统摄的对象是世俗世界，而宗教学二律悖反原理中世俗部分的宗教现象、宗教活动等等与其他一般社会现象、社会活动至少在法律层面并不应当存在区别性对待。[5]所以法律层面上对宗教无论是管理、保护还是限制，都应该与其他社会规范存在一种基本的、底线性的共通规定，在此基础上再以行为结果为导向对相关问题进行研究，这才是研究宗教自由的核心与关键所在。

---

3 〔英〕希尔、〔英〕桑德伯格、〔英〕多伊著，隋嘉滨译：《英国的宗教与法律》，法律出版社，2014，第210页。

4 〔美〕维特等著，郑磊译：《当今世界的宗教人权：1994年亚特兰大会议报告》，上海三联书店，2013，第61页。

5 对于宗教的"两面性"问题可参见韩凤鸣、郑康康：《宗教理解和宗教交往的现代进路探析》，载《浙江社会科学》，2015年第12期。

参考文献

一、著作类

1. 〔英〕约翰·密尔著，程崇华译：《论自由》，商务印书馆，1959年版。

2. 〔英〕约翰·洛克著，吴云贵译：《论宗教宽容》，商务印书馆，1982年版。

3. 〔美〕彼得·贝格尔著，高师宁译：《神圣的帷幕：宗教社会学理论之要素》，上海人民出版社，1991年版。

4. 荆知仁著：《美国宪法与宪政》，三民书局，1991年版。

5. 冯天策著：《信仰导论》，广西人民出版社，1992年版。

6. 江平著：《法人制度论》，中国政法大学出版社，1994年版。

7. 〔法〕霍尔巴赫著，陈太先、眭茂译：《自然政治论》，商务印书馆，1994年版。

8. 〔英〕米尔恩著，夏勇译：《人的权利与人的多样性：人权哲学》，中国大百科全书出版社，1995年版。

9. 李亦园著：《人类的视野》，上海文艺出版社，1996年版。

10. 任继愈主编：《宗教大辞典·绪论》，上海辞书出版社，1998年版。

11. 吕大吉著：《宗教学通论新编》，中国社会科学出版社，1998年版。

12. 梁嘉麟著：《改革开放以来的中国农村教会》，建道神学院，1999年版。

13. 〔美〕詹姆斯·安修著，黎建飞译：《美国宪法解释与判例》，中国政法大学出版社，1999年版。

14. 戴康生主编：《当代新兴宗教》，东方出版社，1999年版。

15. 〔瑞〕托马斯·弗莱纳著，谢鹏程译：《人权是什么》，中国社会科学出版社，2000年版。

16. 许庆雄著：《宪法入门》，元照出版有限公司，2000年版。

17. 侯杰、范丽珠著：《世俗与神圣：中国民众宗教意识》，天津人们出版社，2001年版

18. 梁慧星著：《民法总论》，法律出版社，2001年版。

19. 孔祥涛著：《世界邪教问题与反邪教斗争》，广西人民出版社，2001年版。

20. 林来梵著：《从宪法规范到规范宪法——规范宪法学的一种前言》，法律出版社，2001年版。

21. 〔美〕斯蒂文·哈桑著，杨善录、杨菲译：《走出邪教》，安徽文艺出版社，2001年版。

22. 〔西班牙〕罗德里格斯著，石灵译：《痴迷邪教——邪教的本质、防范及处置》，新华出版社，2001年版。

23. 尹田著：《民事主体理论与立法研究》，法律出版社，2003年版。

24. 郭安主编：《当代世界邪教与反邪教》，人民出版社，2003年版。

25. 〔美〕斯达克等著，杨凤岗译：《信仰的法则：解释宗教之人的方面》，中国人民大学出版社，2003年版。

26. 〔日〕阿部照哉等著，周宗宪译：《宪法·基本人权》，中国政法大学出版社，2003年版。

27. 〔德〕卢克曼著，覃方明译：《无形的宗教：现代社会中的宗教问题》，中国人民大学出版社，2003年版。

28. 许育典著：《宗教自由与宗教法》，元照出版公司，2005年版。

29. 陆中俊主编：《（中国）对当代邪教组织犯罪问题的对策与治理》，中国人民公安大学出版社，2005年版。

30. 〔美〕威廉·A·盖尔斯敦著，佟德志、庞金友译：《自由多元主义——政治理论与实践中的价值多元主义》，江苏人民出版社，2005年版。

31. 〔法〕阿兰·佩雷菲特著，邱海婴译：《信任社会》，商务印书馆，2005年版。

32. 〔美〕彼特·伯格编著，李骏康译：《世界的非世俗化：复兴的宗教及全球政治》，上海古籍出版社，2005年版。

33. 刘茂林著：《中国宪法导论》，北京大学出版社，2005年版。

34. 〔美〕佩顿著，许泽民译：《阐释神圣：多视角的宗教研究》，贵州人民出

版社，2006 年版。

35. 〔日〕芦部信喜著，林来梵等译:《宪法》，北京大学出版社，2006 年版。

36. 高师宁著:《新兴宗教初探》，中国社会科学出版社，2006 年版。

37. 何光沪主编:《宗教与当代中国社会》，中国人民大学出版社，2006 年版。

38. 瞿海源著:《宗教、术数与社会变迁（二）》，桂冠图书股份有限公司，2006
    年版。

39. 韩大元主编:《宪法学》，高等教育出版社，2006 年版。

40. 杨庆堃著，范丽珠译:《中国社会中的宗教:宗教的现代社会功能及其历
    史因素之研究》，上海人民出版社，2006 年版。

41. 高全喜著:《西方法政哲学演讲录》，中国人民大学出版社，2007 年版。

42. 〔荷〕亨克˙范˙马尔赛文、格尔˙范˙德˙唐撰，陈云生译:《成文宪
    法——通过计算机进行的比较研究》，北京大学出版社，2007 年版。

43. 王清淮、朱玫、李广仓著:《中国邪教史》中白莲教和罗教部分，群众出
    版社，2007 年版。

44. 陈新民著:《法治国家原则之检验》，元照出版公司，2007 年版。

45. 卓新平著:《"全球化"的宗教与当代中国》，社会科学文献出版社，2008
    年版。

46. 赵立新著:《日本违宪审查制度》，中国法制出版社，2008 年版。

47. 李培林等主编:《社会学与中国社会》，社会科学文献出版社，2008 年版。

48. 〔美〕查尔斯·弗瑞德著，胡敏洁等译:《何谓法律:美国最高法院中的
    宪法》，北京大学出版社，2008 年版。

49. 龚浩群著:《信徒与公民——泰国曲乡的政治民族志》，北京大学出版社，
    2009 年版。

50. 〔美〕小约翰·威特著，宋华琳译:《宗教与美国宪政经验》，上海三联书
    店，2011 年版。

51. 周星著:《乡土生活的逻辑》，北京大学出版社，2011 年版。

52. 刘义著:《全球化背景下的宗教与政治》，上海大学出版社，2011 年版。

53. 王缉思、唐士其著:《多元化与同一性并存:三十年世界政治变迁
    （1979-2009）》，社会科学文献出版社，2011 年版。

54. 刘祎著:《宪法与宗教的对话:论宗教自由之宪法图像》，知识产权出版社，
    2012 年版。

55. 刘正峰、周新国著:《邪教的法律治理》，社会科学文献出版社，2012 年

版。

56. 〔美〕德拉姆、〔美〕沙夫斯著，隋嘉滨等译：《法治与宗教：国内、国际和比较法的视角》，中国民主法制出版社，2012 年版。

57. 〔美〕肯特·格里纳沃尔特著，程迈译：《宗教与美国宪法》，中国民主法制出版社，2012 年版。

58. 〔美〕菲尔·朱克曼著，曹义昆译：《宗教社会学的邀请》，北京大学出版社，2012 年版。

59. 闫莉著：《宗教信仰：自由与限制》，社会科学文献出版社，2012 年版。

60. 杨合理著：《论宗教自由的法律保障》序，中州古籍出版社，2012 年版。

61. 〔德〕萨缪尔·普芬道夫著，俞沂暄译：《就公民社会论宗教的本质和特性》，上海三联书店，2013 年版。

62. 〔美〕维特等著，郑磊译：《当今世界的宗教人权：1994 亚特兰大会议报告》，上海三联书店，2013 年版。

63. 〔美〕威特、亚历山大主编，周青风等译：《基督教与法律》，中国民主法制出版社，2013 年版。

64. 〔美〕威特、〔英〕布多尔多主编，刘洋译，隋嘉滨校译：《俄国的东东正教与劝诱改宗：争夺灵魂的新战争》，中国民主法制出版社，2013 年版。

65. 〔英〕霍布斯鲍姆著，林华译：《断裂的年代：20 世纪的文化与社会》，中信出版社，2014 年版。

66. 〔英〕希尔、〔英〕桑德伯格、〔英〕多伊著，隋嘉滨译：《英国的宗教与法律》，法律出版社，2014 年版。

67. 王秀哲著：《成文宪法中的宗教研究》，中国民主法制出版社，2014 年版。

68. 〔美〕德沃金著，於兴中译：《没有上帝的宗教》，中国民主法制出版社，2015 年版。

69. 〔德〕罗伯斯主编，危文高等译：《欧盟的国家与教会》，法律出版社，2015 年版。

二、论文集类

1. 陈新民：《中华民国（台湾）宪法释论》，载《司法院大法官释宪五十周年纪念论文集》，1998 年版。

2. 曹新宇：《当代美国政治与极端教派活动——以韦科案为例》，载《论邪教——首届邪教问题国际研讨会论文集》，广西人民出版社，2001 年版。

3. 高师宁：《试论当代中国民间信仰对基督教的影响》，载《基督宗教与中国文化》，中国社会科学出版社，2004 年版。

4. 李德洙、叶小文、龚学增：《高度重视当代世界民族宗教问题》，载《宗教与民族》第 3 辑，宗教文化出版社，2004 年版。

5. 〔俄〕M.O.沙霍夫撰，杜艳译：《信仰自由与国家干预》，载《宗教、教派与邪教——国家研讨会论文集》，广西人民出版社，2004 年版。

6. 〔俄〕斯佩兰斯卡娅·叶莲娜撰，白云峰译：《"信仰自由"与"宗教安全"》，载《宗教、教派与邪教——国家研讨会论文集》，广西人民出版社，2004 年版。

7. 樊学勇，陶杨：《惩治邪教犯罪的基本法律问题》，载《宗教、教派与邪教——国家研讨会论文集》，广西人民出版社，2004 年版。

8. 赵匡为：《中国邪教组织的宗教性及其特征》，载《宗教、教派与邪教——国家研讨会论文集》，广西人民出版社，2004 年版。

9. 孔祥涛：《邪教问题论纲》，载《宗教、教派与邪教——国家研讨会论文集》，广西人民出版社，2004 年版。

10. 莫纪宏：《宗教信仰自由的法律界限》，载《宪政与行政法治探索》，中国人民大学出版社，2004 年版。

11. 朱俊强：《论邪教犯罪对个人法益的侵害与刑事立法》，载《宗教、教派与邪教——国家研讨会论文集》，广西人民出版社，2004 年版。

12. 魏宏：《论（中国）的政教分离制度及其完善》，载《国家·宗教·法律》，中国社会科学出版社，2006 年版。

13. 〔美〕科尔·德拉姆：《宗教和信仰团体注册类别比较研究》，载《国家·宗教·法律》，中国社会科学出版社，2006 年版。

14. 刘澎：《宪法比较：宗教自由与政教分离》，载《国家·宗教·法律》，中国社会科学出版社，2006 年版。

15. 刘作翔：《政教分离与宗教平等——浅析法国"头巾法案"》，载《国家·宗教·法律》，中国社会科学出版社，2006 年版。

16. 杨俊锋：《宗教法治的几个基本问题》，载《国家·宗教·法律》，中国社会科学出版社，2006 年版。

17. 李向平，杨静：《宗教合法性及其获得方式——以日本<宗教法人法>为中心》，载《国家·宗教·法律》，中国社会科学出版社，2006 年版。

18. 刘培峰：《宗教团体登记的几个问题》，载《国家·宗教·法律》，中国社会科学出版社，2006 年版。

19. 张千帆：《自由还是法治？——论宗教信仰的豁免权及其界限》，载《国家・宗教・法律》，中国社会科学出版社，2006年版。

20. 〔西〕杰维尔・马丁内兹-陶龙：《宗教团体的自治与自决》，载《国家・宗教・法律》，中国社会科学出版社，2006年版。

21. 〔意〕西尔维奥・费拉利：《西欧的新兴宗教运动》，载《国家・宗教・法律》，中国社会科学出版社，2006年版。

22. 林端：《宗教与宪法：社会学家另类的看法》，载《部门宪法》，元照出版有限公司，2006年版。

23. 吴志光：《宪法保障宗教自由之意义》，载《部门宪法》，元照出版有限公司，2006年版。

24. 〔日〕户波江二撰，王玉杰译：《小泉首相参拜靖国神社与政教分离原则》，载《山东大学法律评论》，山东大学出版社，2007年版。

25. 〔美〕威廉・施韦克撰，翁开心译，戴耀廷校：《宗教、良心与公共领域》，载《宗教价值与公共领域：公共宗教的中西文化对话》，中国社会科学出版社，2008年版。

26. 〔德〕汉斯・G・乌瑞斯撰，关启文译：《公共宗教、宗教价值和公共论坛——东西方的对话》，载《宗教价值与公共领域：公共宗教的中西文化对话》，中国社会科学出版社，2008年版。

27. 段德智：《概论儒学的一元论特征及其普遍意义——对宗教进入公共生活何以可能的一个研究》，载《宗教价值与公共领域：公共宗教的中西文化对话》，中国社会科学出版社，2008年版。

28. 〔日〕田岛英一：《"膜拜宗教"的咒语和跨越国界的公民社会》，武汉大学日本研究中心"面向世界的中日关系国际学术研讨会"，2009年9月。

29. 王建新：《宗教与生活实践的人类学思考》，载《宗教人类学》第2辑，社会科学文献出版社，2010年版。

30. 刘琪：《信仰的地方表达与实践》，载《宗教人类学》第2辑，社会科学文献出版社，2010年版。

31. 李荣荣：《徘徊在"参与"和"观察"之间》，载《宗教人类学》第2辑，社会科学文献出版社，2010年版。

32. 邱永辉：《社会转型中的规范化与变通性》，载《宗教人类学》第2辑，社会科学文献出版社，2010年版。

33. 龚浩群：《佛与他者：现代泰国的文明国家与信仰阶序的建构》，载《宗教人类学》第2辑，社会科学文献出版社，2010年版。

34. 黄海德：《中外学术界关于"中国民间信仰"概念的认知与检讨》，载《中

外关系史论丛（第 19 辑）——多元宗教文化视野下的中外关系史 》, 2010
年版。

三、期刊类

1. 孙宪忠:《财团法人财产所有权和宗教财产归属问题初探》, 载《中国法学》, 1990 年第 4 期。

2. 陈铭祥:《宗教立法与宗教自由》, 载《月旦法学》第 24 期, 1997 年。

3. 史庆璞:《宗教与法律相关问题之研究》, 载《辅仁法学》第 18 期, 1999 年。

4. 张训谋:《美国<1998 年国际宗教自由法案>评述》, 载《中国宗教》, 1999 年第 3 期。

5. 高师宁:《邪教的主要特征和形成的内在条件》, 载《中国宗教》, 1999 年第 4 期。

6. 苏瑶崇:《论宗教冲突与和平——以二十世纪为例》, 载《台湾人文生态研究》, 2001 年第 2 期。

7. 新言:《邪教危害国家安全》, 载《国家安全通讯》, 2001 年第 3 期。

8. 黄昭元:《上帝要我上祂的学校: 宗教自由与义务教育的冲突》, 载《月旦法学杂志》第 74 期, 2001 年。

9. 王广辉:《宪法解释与宪法理解》, 载《中国法学》, 2001 年第 4 期。

10. 林本炫:《试论宗教法人的属性和定位》, 载《台湾宗教学会通讯》, 2001 年第 7 期。

11. 济群:《佛教在商业浪潮中的反思》, 载《法音》, 2003 年第 7 期。

12. 张翔:《论基本权利的防御权功能》, 载《法学家》, 2005 年第 2 期。

13. 王连合、华热·多杰:《宗教组织的内涵与外延》, 载《青海民族研究》, 2005 年第 2 期。

14. 钟秉正:《宪法宗教自由权之保障》, 载《玄奘法律学报》, 2005 年第 3 期。

15. 周静:《试论宗教自由的规范构造》, 载《法律科学》, 2005 年第 5 期。

16. 王崇兴:《美国<1998 年国际宗教自由法>及对中煤关系的影响评析》, 载《东南亚研究》, 2005 年第 5 期。

17. 韩大元:《试论政教分离原则的宪法价值》, 载《法学》, 2005 年第 10 期。

18. 翁晓玲:《国家中立与宽容原则在宗教问题之适用》, 载《宗教哲学》, 2006

年第 3 期。

19. 陈重成：《全球视野下文化疆域的变与常：兼论当代中国社会的重构》，载《远景基金会季刊》，2006 年第 4 期。

20. 顾肃：《充分认识宗教与政治关系的复杂性》，载《江苏社会科学》，2006 年第 4 期。

21. 郑文龙：《宗教的法律定义》，载《香港社会科学学报》，2006 年春夏号。

22. 马卉，薛炎：《（中国）宗教财产归属问题探讨》，载《武汉理工大学学报》，2007 年第 4 期。

23. 马岭：《宗教自由内涵探析》，载《法治论丛》，2009 年第 2 期。

24. 习五一：《简评美国<1998 年国际宗教自由法案>》，载《新疆师范大学学报》，2010 年第 3 期。

25. 杨卫东：《<1998 年国际宗教自由法>与美国人权外交》，载《求是学刊》，2010 年第 4 期。

26. 刘澎：《再谈关于中国宗教问题的战略思考》，载《领导者》，2010 年 6 月。

27. 李向平：《"宗教生态"，还是"权力生态"——从当代中国的"宗教生态论"思潮谈起》，载《上海大学学报》，2011 年第 1 期。

28. 张志刚：《当代中国宗教关系研究刍议》，载《北京大学学报》，2011 年第 2 期。

29. 王秀哲：《成文宪法中的宗教信仰自由》，载《海峡法学》，2011 年第 3 期。

30. 刘春萍：《俄国法律对宗教保护与限制的历史检视》，载《环球法律评论》，2012 年第 4 期。

31. 冯玉军：《中国宗教财产的范围和归属问题研究》，载《中国法学》，2012 第 6 期。

32. 张建文、杨雨昕：《宗教财产管理信托的特殊性及其对<信托法>的挑战》，载《经济法论坛》，2013 年第 2 期。

33. 隋嘉滨《宗教自由仅是"信仰或不信仰宗教的自由"吗？》，载《爱知论丛》第 97 号，2014 年。

34. 陈锦航：《中国现代个体宗教自由之兴起——从社会关系视角下考察》，载《北京大学研究生学志》，2014 年第 4 期。

35. 冯玉军《日本宗教法律的实施及对（中国）的启示》，《学术交流》2014

年第 8 期。

36. 安娜撰，徐卉译：《土耳其的宗教自由与基督徒》，载《世界宗教文化》，2015 年第 1 期。

37. 罗楠：《"神"之归来：以新视角看宗教的全球政治影响》，载《世界与中国事务》，2015 年春季号。

38. 张凤梅、郭长刚：《从"宗教自由"到"宗教接触"：奥巴马政府国际宗教自由政策的新转向》，载《上海大学学报》，2015 年第 2 期。

39. 仲崇玉：《宗教法人制度的基本问题研究》，载《宗教与法治》，2015 年夏季刊。

40. 林清兴：《完善宗教自由之研究——以美国经验为视角》，载《济宁学院学报》，2015 年第 4 期。

41. 张铮：《法治还是自治——从两个案例看美国宗教自由的张力与变迁》，载《比较法研究》，2015 年第 4 期。

42. 格竹：《中国宪法 36 条的规定及其瑕疵：文义、体系和目的分析》，载《宗教与法治》，2015 年冬季刊。

43. 杨凯乐：《推动中国宗教政策的第二次转型》，载《宗教与法治》，2015 年冬季刊。

44. 张业亮：《美国"宗教自由"的新难题》，载《世界知识》，2015 年第 11 期。

45. 韩凤鸣、郑康康：《宗教理解和宗教交往的现代进路探析》，载《浙江社会科学》，2015 年第 12 期。

46. 罗莎：《宗教信仰自由的规范化解读》，载《苏州大学学报》（法学版），2016 年第 1 期。

47. 冯玉军：《宗教财产归属与宗教法人资格问题的法律思考》，载《苏州大学学报》（法学版），2016 年第 1 期。

48. 张建文：《宗教财产法律地位的裁判逻辑与司法立场》，载《苏州大学学报》（法学版），2016 年第 1 期。

49. 张凤梅、郭长刚：《美国国际宗教自由政策与伊斯兰》，载《宁夏社会科学》，2016 年第 1 期。

50. 梁上上：《中国的法人概念无需重构》，载《现代法学》，2016 年第 1 期。

51. 黄鑫：《对中国制定宗教基本法之主张的检视》，载《北方民族大学学报》，2016 年第 2 期。

52. 丁菁：《中国宗教建筑所有权主体与权能研究》，载《浙江师范大学学报》，2016 年第 4 期。

53. 罗昆：《（中国）民法典法人基本类型模式选择》，载《法学研究》，2016 年第 4 期。

54. 王文宇：《揭开法人的神秘面纱——兼论民事主体的法典化》，载《清华法学》，2016 年第 5 期。

55. 谭启平、黄家镇：《民法总则中的法人分类》，载《法学家》，2016 年第 5 期。

56. 仲崇玉：《耶林法人学说的内涵、旨趣及其对（中国）法人分类的启示》，载《法学评论》，2016 年第 5 期。

57. 金晓伟：《宗教信仰自由界限的合理构造》，载《甘肃政法学院学报》，2016 年第 5 期。

58. 赵翠翠、李向平：《法治中国视域下宗教关系的协调与平衡》，载《华东政法大学学报》，2017 年第 2 期。

59. 刘太刚、龚志文：《对宗教的治理与利用宗教进行社会治理》，载《华东政法大学学报》，2017 年第 2 期。

60. 张建文：《出资不取得产权规则与宗教活动场所归属问题》，载《华东政法大学学报》，2017 年第 2 期。

61. 冯玉军：《（中国）宗教法人制度的立法完善》，载《华东政法大学学报》，2017 年第 2 期。

62. 仲崇玉：《日本的宗教法人认证制度》，载《华东政法大学学报》，2017 年第 2 期。

四、外文文献：

1. Ben Clements： "Defining 'Relogion' in the First Amendment：A Functional Approach"，Cornell Law Review，1989，Volume 74.

2. J Wadham & H.Mountfield，Blackstone's Guide to the Human Rights Act 1998，London：Blackstone，1998.

3. Engene Volokh： "Intermediate Questions of Religious Exemptions——A Research Agenda with Test Suites"，21 Cardozo Law Review，1999.

4. Keturah A. Dunne， "Addressing Religious Intolerance in Europe：The Limited Application of Article 9 of the European Convention of Human Rights and Fundamental Freedom"，30 Cal. W. Int'I. J 117，1999.

5. Alfred C. Stepan, "Religion, Democracy, and the 'Twin Tolerations'", Journal of Democracy, Vol. 11, No. 4, 2000.

6. Richard Falk, Religion and Humane Global Governance, New York and Hampshire: Palgrave, 2001.

7. Philip Hamburger, "Separation of Church and State", Cambridge: Harvard University Press, 2002.

8. Clarles Kimball, When Religion Becomes Evil, New York: Harper San Francisco, 2002.

9. Johan D. Vander Vyver, "The Relationship of Freedom of Religion or Belief Norms to Other Human Rights", in Tore Lindhom (ed.), Facilitating Freedom of Religion or Belief: A Deskbook, Martinus Nijhoff, 2004.

10. Ishtiaq Ahmad, "Religious Terrorism", in Gabriel Palmer-Fernandez (ed.), Encylopedia of Religion and War, New York and London: Routledge, 2004

11. Dawn Perlmutter, Inestigating Religious Terrorism and Ritualistic Crimes, Boca Raton, London, New York and Washington, D.C.: CRC Press, 2004.

12. Eileen Barker, "Why the Cults? New Religious Movements and Freedom of Religion or Belief", in Lindholm (ed.), Facilitating Freedom of Religion or Belief: A Deskbook, Martinus Nijhoff, 2004.

13. Rex Ahdar & Ian Leigh, Religious Freedom in the Liberal State, Oxford: Oxford University Press, 2005.

14. Joannne Banker Hames & Yvonne Ekern, Constitutional Law: Principles and Practice, London: Thomson Delmar Learning, 2005.

15. Iannaccone、Laurence R. And Eli Berman, "Religious Extremism: The good, the bad, and the deadly", Public Choice, 2006.

16. Bruce Hoffman, Inside Terrorism, Columbia University Press, 2006.

17. Mary Habeck, Knowing the Enemy: Jihadist Ideology and the War on Terror, Yale University Press, 2006.

18. M.Hill, Ecclesiastical Law, 3rd edn, Oxford: Oxford University Press, 2007.

19. Neil J. Kressel, Bad Faith: The Danger of Religious Extremism, Amherst, New York: Prometheus Books, 2007.

20. See Jim Murdoch, Freedom of Thought Conscience and Religion: A Guide to the Implementation of Article 9 of the European Convention on Human

Rights，Strasbourg：Council of Europe，2007.

21. Edited by Marfair Mei-hui Yang，Chinese Religiosities:Affictions of Modernity and State Formation，Berkeley and Los Angeles:University of California Press，2008.

22. Benazir Bhutto，Reconciliation：Islam,Democracy,and the West，Harper Collions，2008.

23. Thomas Farr，"World of Faith and Freedom：Why International Religious Liberty is Vital to American National Security"，Oxford：Oxford University Press，2008.

五、硕博士学位论文

1. 马纬中：《法与宗教之研究：论现代法治国下的宗教自由》，中兴大学硕士学位论文，1997 年。

2. 尤伯祥：《宗教自由之权利内涵研究》，政治大学硕士学位论文，1998 年。

3. 古健琳：《宗教自由之研究》，中正大学硕士学位论文，2002 年。

4. 周敬凡：《宗教自由的法建构——兼论<宗教团体法草案>》，成功大学硕士学位论文，2002 年。

5. 左绍棠：《中国大陆基督教政教关系：新制度论之研究》，政治大学硕士学位论文，2004 年。

6. 蔡秀菁：《宗教政策与新宗教团体发展》，真理大学硕士学位论文，2006 年。

7. 赵莹：《宗教自由研究》，山东大学博士学位论文，2009 年。

8. 翁城都：《宗教自由与政教分离关系之研究》，中正大学硕士学位论文，2012 年。

9. 王振中：《论当代台湾宗教自由变迁》，真理大学硕士学位论文，2012 年。

10. 叶秀崇：《（台湾）宗教发展与宗教行政之研究》，铭传大学硕士学位论文，2013 年。

11. 吴昭军：《（中国）佛教寺院的民事主体地位研究》，西南政法大学硕士学位论文，2015 年。

附录：隋唐帝王与佛教诸宗——中国历史上政教关系的一个侧面

　　佛教作为一种外来文化，自两汉传入中国，经过了漫长的融合与发展，时至隋唐已经成为了中国传统文化当中不可分割的重要组成部分。隋唐佛学更是继先秦子学、两汉经学、魏晋玄学之后中国传统文化的再一巅峰，并对之后的宋明理学、清代朴学都产生了重大的影响。中国古代社会作为君权至上的中央集权封建社会，所有的社会思想和社会组织都必须完全地处于国家权力的严密统摄之下。但是作为一种宗教存在，尤其是作为一种相对而言比较系统性的、经过长时间与本土社会融汇贯通的佛教，民众心理向心力是巨大的。而国家的最高统治者——皇帝，同样是人而不是神明，其个人对于佛教的态度就会关系到整个佛教的发展与兴亡。就隋唐时期的帝王而言，大多数的皇帝对佛教都是持大力弘扬的态度的，这也就直接导致了隋唐时期佛教八大宗派陆续出现的鼎盛局面。关于佛教的主要宗派，古往今来有着许多不同的说法，但现如今关于佛教八宗的通说主要是指律宗、天台宗、三论宗、唯识总、华严宗、禅宗、净土宗、密宗八个宗派。虽然各个宗派从宏观上讲都是佛教的支流，但其相互之间，尤其是在佛教义理思想上还是存在着一定的差异与对抗。各个宗派的出现与兴盛虽然有着诸多方面因素的影响，但是国家权力，也就是封建王权对其的影响则极为关键。

一、隋文帝、隋炀帝与天台宗

（一）天台宗的基本思想

在隋统一全国之前，佛教也同国家的分裂一样，在南北地区有着"南义"、"北禅"的差异。南方佛教偏重于义理，强调讲解；而北方佛教偏重于修禅，强调禅定。之所以形成这种差异与当时南北方的社会状况是分不开的。南方玄学盛行，随着晋室的南迁，在士大夫心中南方就成了"正朔"的所在地。与士大夫一同南迁的还有大量的"义学沙门"，如东晋名僧道安就"与弟子慧远等四百余人渡河"南迁。[1]而北方由于战事连连，人们生活在兵荒马乱之中，"申述经诰、畅说义理"的环境自然也就要差的多。再加上北方少数民族政权与中国传统文化氛围并没有太多的融汇，相比之下他们更关注实际，在佛教方面也就更重视"坐禅"、"修行"等"修福行善"的活动。天台宗就是在这样一种背景之下产生的，与这种背景相应，"统一"的理念自然就成了天台宗隐性的思想基调。

天台宗的师承谱系为龙树——慧文——慧思——智顗——灌顶——智威——慧威——玄朗——湛然。之所以将龙树推为天台宗的"初宗"，原因主要是天台宗大量引用和阐发了龙树"因缘所生法，我说即是空，亦为是假名，亦是中道义"的偈语。实际上龙树与天台宗的关系并不是很大，天台宗的实际创始人应当是智顗。不过这里要特别提及一下慧思，虽然不能说慧思是天台宗的创始人，但是慧思是南北佛教统一进程中非常重要的过渡性人物，其为天台宗的成立奠定了坚实的基础。有一段言论非常能体现慧思的思想，"沙门（慧思）问曰：'汝当闭目忆想身上一小毛孔，即能见否？'外人忆想一小毛孔已，报曰：'我已见了也。'沙门曰：'汝当闭眼想作一大城，广数十里，即能见否？'外人想作城已，报曰：'我于心中了了见也。'沙门曰：'毛孔与城，大小异否？'外人曰：'异。'沙门曰：'向者毛孔与城，但是心作否？'外人曰：'是心作。'沙门曰：'汝心有大小耶？'外人曰：'心无形相，焉可见有大小。'沙门曰：'汝想作毛孔时，为减小许心作、为全用一心作耶？'外人曰：'心无形段，焉可减小许用之，是故我全用一念想作毛孔也。'"[2]这便

1　〔梁〕释慧皎撰，汤用彤校注：《高僧传》卷五《晋长安五级寺释道安传》，中华书局，1992，第178页。

2　〔南朝陈〕慧思说：《大乘止观法门》卷二，CBETA 电子佛典集成，T46n1924。

是天台宗"一心三观"、"一念三千"的雏形。

天台宗创宗的经典为《法华经》，所以天台宗也称为法华宗。天台宗最主要的理论便是来自《法华经》中的"会三归一"，《法华经·方便品》："舍利弗，如来但以一佛乘故，为众生说法，无有余乘，若二若三……舍利弗，十方世界中尚无二乘，何况有三……诸佛以方便力，于一佛乘分别说三……无有余乘，唯一佛乘……十方佛土中，唯有一乘法，无二亦无三，除佛方便说。"[3]这里明确指出，世间只有"一佛乘"，其他的只是为了适应不同情形而出现的权变而已。那么这个"一佛乘"在哪里呢？《法华玄义》："世界无别法，唯是一心作。"[4]这便是智顗提出的天台宗基本认识论。天台宗所说的"心"，并不是每个人的"凡心"，而是一种独立存在的精神体，即"佛性"。如前文所述，天台宗非常重视龙树的一句偈语，"因缘所生法，我说即是空，亦为是假名，亦名中道义"，意思是因缘际会所产生的一切，归根结底都是"空"，也就是"假"的，但是其所显示出来的"相"却是非空非有的，也就是"中道义"。天台宗认为，"空"、"假"、"中""三谛具足，秖在一心……若论道理，秖在一心，即空，即假，即中……三谛不同，而只一念"，"虽三而一，虽一而三，不相妨碍。三种皆空者，言思道断故。三者皆假者，但有名字故。三种皆中者，即是实相故……一念心起，即空，即假，即中"。[5]也就是说，三谛是相互通融的，因为他们都"秖在一心"。这便是天台宗的"一心三观"、"一念三千"。

之所以说天台宗在统一佛教南"义"北"禅"方面做出了巨大的贡献，除了"一心三观"的隐形"统一"理念之外，天台宗的"止观"学说也起到了很大的作用。简单来说，"止"与"观"就是"戒定慧"三学中的"定"和"慧"。智顗认为，"泥洹之法，入乃多途，论其急要，不出止观二法。所以然者，止乃伏结之初门，观是断惑之正要；止则爱养心识之善资，观则策发神解之妙术；止是禅定之胜因，观是智慧之由籍。若人成就定慧二法，斯乃自利利人，法皆具足"。[6]本来，"止观"只是一种修持方法，主要是"修"，而不是"说"。现在智顗把它们改造成了"说"的东西，就是说，他把"止观"

---

3 王彬译注：《法华经》，中华书局，2010，第71-79页。

4 〔隋〕智顗说：《妙法莲华经玄义》，CBETA 电子佛典集成，T33n1716。

5 〔隋〕智顗说：《摩诃止观》，CBETA 电子佛典集成，T46n1911。

6 〔隋〕智顗述：《修习止观坐禅法要》，CBETA 电子佛典集成，T46n1915。

也"义理"化了；止观"学"，变成了止观"学说"。[7]智顗正是通过这种"止观"学说将南北佛教的"义"和"禅"完美地结合到了一起。

（二）隋文帝、隋炀帝与佛教的渊源

隋文帝杨坚与佛教的渊源极深，根据记载，杨坚是在寺庙里出生的，并且他十三岁前的整个童年也都是在寺庙中长大的。《隋书·高祖上》载："皇妣吕氏，以大统七年六月癸丑夜，生高祖于冯翊般若寺。有尼来自河东，谓皇妣曰：'此儿所从来甚异，不可于俗间处之'。尼将高祖舍于别馆，躬自抚养。"[8]《续高僧传·道密传》："太祖乃割庄为寺，内通小门，以儿委尼，不敢名问。后皇妣来抱，忽……惊遑堕地。尼曰：'何因妄触我儿！遂令晚得天下'。及七岁，告帝曰：'儿大当贵，从东国来；佛法当灭，由儿兴之。'而尼沉静寡言，时道成败，吉凶，莫不符验。初在寺养帝，年十三始还家……及周灭二教，尼隐皇家，内着法衣……帝登祚后，每顾群臣，追念阿阇黎……乃命史官王邵为尼作传。"[9]从对太祖和皇妣的描述中可以看到，杨坚生于一个笃信佛教的家族，杨氏家族与佛教之间的关系由来已久，这与当时北方世家大族普遍盛行佛教的史实也基本相符。与此同时，隋文帝杨坚的皇后，隋炀帝杨广的母亲独孤伽罗也是名虔诚的佛教徒，独孤氏是魏时期名将独孤信的第七女，独孤家族历来有信佛的传统，独孤氏去世时，史官王邵上书云"伏惟大行皇后圣德仁慈，福善祯符，备诸秘记，皆云是妙善菩萨"。[10]在这样一个父母皆与佛教有如此渊源的家庭中长大，隋炀帝杨广自然也与佛教有着特殊的情感。在其师从智顗受菩萨戒时，他就在《受菩萨戒疏》中声称，"以此胜福，奉资至尊、皇后，作大庄严，同如来慈"，"弟子即日种罗睺业，生生世世还生佛家"。[11]

（三）隋文帝、隋炀帝与智顗

智顗（538—597），俗姓陈，祖籍颍川（今河南许昌），后迁往荆州华容（今

7　郭朋著：《隋唐佛教》，齐鲁书社，1980，第156页。

8　〔唐〕魏徵、令狐德棻撰：《隋书》卷一《高祖本纪》，中华书局，1973，第1页。

9　〔隋〕道宣撰：《续高僧传》卷二十六《隋京师大兴善寺释道密传》，CBETA 电子佛典集成，T50n2060。

10　〔唐〕魏徵、令狐德棻撰：《隋书》卷六十九《王劭传》，中华书局，1973，第1608页。

11　〔唐〕灌顶纂：《国清百录》，CBETA 电子佛典集成，T46n1934。

湖北监利县西北）落户。他的父亲陈起祖，梁元帝时为散骑常侍，封爵益阳侯（亦说封孟阳公）。[12]可见智顗出身官宦门第，十八岁出家之后，智顗前往金陵，从那时起其与陈王朝的关系就非常密切。不过关于智顗与陈、隋两朝的关系远近，不同的学者有着不同的观点，如潘桂明教授认为智顗对于陈朝，他是积极支持、主动拥护；对于隋朝，则阳奉阴违、消极回避。[13]董平教授对此也持类似观点，"智顗与陈国君臣的深相结纳是出乎其主观上的自愿，但他对隋王朝的态度实际上却若即若离，始终未有一种主观上的亲和感"，"智顗虽周旋于陈、隋帝王之间，却总在为佛法之真理，为众生之救度，其间略无一毫私意之掺杂；故终不失其一代高僧之人格风范"。[14]再如包兆昌先生提出的，"陈、隋王朝与智顗的关系是相似的。无论陈朝宣帝、后主还是隋朝文帝、炀帝，对待智顗的态度都没有超出东晋以来形成的帝王与名僧之间互相尊重、互相支持的关系模式。而智顗对于两朝君臣的态度也大体相同，在遵守沙门律仪的前提下，出于弘法化众目的与世俗王权相周旋"。[15]相比之下，笔者更倾向于包兆昌先生的观点，虽然智顗对两朝君主的态度不能说是极尽谄媚，但是其努力与皇室搭建良好的关系网络，并在特定事件上利用这样一种优势发展佛教，这些都是毋庸置疑的。

《国清百录》里收录了大量陈朝君臣给智顗的敕、书等，如《太建十年宣帝敕施物》载："智顗禅师，佛法雄杰，时匠所宗，训兼道俗，国之望也。宜割始丰县调，以充众费，蠲两户民，用供薪水。"[16]再如后主陈叔宝也曾经向智顗下发过大量的敕文，除了表示问候，还赐赠了大量的钱粮等物。由此可见，陈王朝时智顗已经具有了相当大的声望，并且当时的统治者对他也是非常的礼遇。

隋文帝杨坚与智顗之间的第一次接触是在在平陈之后的开皇十年（590），隋文帝向当时已经颇具影响力的智顗下发了一道敕文，"皇帝敬问光宅寺智顗禅师：朕于佛教，敬信情重。往者周武之时，毁坏佛法，发心立愿，必许护持，及受命于天，仍即兴复，仰凭神力，法轮常转；十方众生，俱获利益。比以有陈虐乱，残暴东南，百姓劳役，不胜其苦。故命将出师，为民除害。

---

12 郭朋著：《隋唐佛教》，齐鲁书社，1980，第 106 页。

13 潘桂明、吴忠伟著：《中国天台宗通史》，江苏古籍出版社，2001，第 94 页。

14 董平著：《天台宗研究》，上海古籍出版社，2002，第 23-25 页。

15 包兆昌：《智顗与陈、隋王朝关系新探》，载《台州学院学报》，2007 第 5 期。

16 〔唐〕灌顶纂：《国清百录》，CBETA 电子佛典集成，T46n1934。

吴越之地，今得廓清，道俗人安，深称朕意。朕为崇正法，救济苍生，欲令福田永存，津梁无极"。杨坚首先表明了自身坚定的立场，其对于佛教是"敬信情重"的，绝不会出现周武灭法那样的事件。并且他也知晓智顗与陈王朝之间的关系，所以特别提到出师平陈，统一全国是"为民除害"，自己登基为帝也是"受命于天"。但在向智顗投出橄榄枝的同时，敕文还说到，"师既几离世网，修己化人，必希奖进僧伍，固守禁戒，使见者钦服，闻即生善。方副大道之心，是为出家之业。若身从道服，心染俗尘，非直含生之类无所归依，仰恐妙法之门更来谤读。宜相劝励，以同朕心"。[17]如果说前半部分的敕文还算是比较亲密的话，后半部分多少带着那么点"恐吓"的味道。

不过总体来说智顗的表现并没有让杨坚失望。当时身为晋王、总管原陈国属地的杨广到扬州不久，曾遣使修书智顗，希望智顗接受其供养并作他的菩萨戒师。"法师抗志名山，栖心慧定，法门静悦，戒行熏修，籍甚微猷，久承音德，钦风已积,味道为劳。"[18]智顗没有立刻应允，《天台国清寺智者禅师碑文》中记载他回信说："虽欲相见，终恐缘差。"[19]此后智顗还进行了为期一年左右的观望，但最终于开皇十一年（591）十一月，欣然出山为杨广受"菩萨戒"，并一反之前态度地表示"我与晋王，深有缘契"，杨广在《受菩萨戒疏》中也说："弟子基承积善，生在皇家，庭训早趋，胎教夙渐。"[20]，又再一次地强调了其整个家庭对佛教的亲近之情。那么为什么智顗没有立刻答应而是等待了长达一年多的时间呢？王光照先生的一段论述可以说一语中的，"智顗自金陵城破之后即避居匡庐，借隐学之名，实则坐山以观形势之变化：一看新政权能否巩固；二看新政权对佛教的态度；开皇十年，接文帝一书，知新朝对佛教有控制但又想利用之政策，迟疑观望之间，南方豪族大规模反隋之事已起，因即顺势'安坐匡岫'；杨广至镇之后，频频致书智顗，至此，智顗对南北统一，新朝政治强大之势亦已了然"。[21]而智顗也精准地把握住了杨广这一机遇，成为其受戒师父，这极大地拉近了其与隋皇室的距离，在之后的时间里，智顗每遇难事,多告请杨广出面帮助解决。甚至有些寺院的维持，

---

17 〔唐〕灌顶纂：《国清百录》，CBETA 电子佛典集成，T46n1934。
18 〔唐〕灌顶纂：《国清百录》，CBETA 电子佛典集成，T46n1934。
19 〔唐〕灌顶纂：《国清百录》，CBETA 电子佛典集成，T46n1934。
20 〔唐〕灌顶纂：《国清百录》，CBETA 电子佛典集成，T46n1934。
21 王光照：《隋炀帝与天台宗》，载《学术月刊》，1994 第 9 期。

也经他请杨广帮忙。杨广的妃子（萧妃）患重疾，智顗急赴扬州亲自主持"金光明忏"，为其治病祈福。甚至在智顗生命的最后时光里一再表明对隋王朝的效忠与维护，《发愿疏文》："幸值明时，栋梁佛日，愿赖皇风，又承众力，将劝有缘，修治三处：先为兴显三世佛法；次为拥护大隋国土；下为法界一切众生。"虽然这里的用词不免显得有些谄媚，但智顗所说的"明时"、"皇风"也确实不假，隋王朝对佛教的确是持大力扶持态度的。智顗对隋文帝也是带有着一种感恩的心态，"若塔像庄严，则绍隆不绝，用报佛恩；若处处光新国界，自然特殊妙好，则报至尊水土之泽"。[22]直至其临终前，还一再表示对隋王朝的感恩戴德，《遗书》载："生来所有周章者，皆为佛法，为国土，为众生……命尽之后，若有神力，誓当影护王之土境，使愿法流行，以答王恩，以副本志。"[23]不过情感抒发归情感抒发，智顗在临终前也没有忘了要为天台宗谋福利，他在《遗书》中向杨广请求："乞废寺田，为天台基业。"杨广对此也是满口应允，《答遗旨文》云："所求废寺水田，以充基业，亦勒王弘，施肥田良地。"[24]智顗所做出的种种努力从整体上加强了隋皇室与天台宗之间的关系。如在智顗去世之后，杨广夺得太子之位时，天台宗人智越等立即上书致贺，《天台众贺启》云："天台寺故智者弟子沙门智越一众启：伏惟殿下，睿德自天，恭膺储副，生民庆赖，万国欢宁，凡在道俗，莫不舞抃！况复越等，早蒙覆护，曲奉慈惠，不任悦豫之诚！谨遣僧使灌顶、智璪等，奉启以闻！"[25]杨广还专门派员外散骑侍郎张乾威将一众僧人送回天台山，并"施物三千段，毡三百领……设千僧斋"。次年杨广还特意下令邀请智顗的高足、天台宗的传人灌顶入京，《天台九祖传·灌顶》载："禅师既是大师高足，法门委寄，今遣延屈，必希翛然随使入京。"[26]再如杨广登基为帝时，天台僧人又在第一时间上表致贺，《仁寿四年皇太子登极，天台众贺至尊》载："天台寺沙门智越等一众启：窃闻金轮绀宝，奕世相传，重离少阳，时垂御辨。伏惟皇帝菩萨，圣业平成，纂临洪祚，四海万邦，道俗称幸，越等不任喜踊之至！谨遣僧使智璪，奉启以闻！"[27]

---

22 〔唐〕灌顶纂：《国清百录》，CBETA 电子佛典集成，T46n1934。

23 〔唐〕灌顶纂：《国清百录》，CBETA 电子佛典集成，T46n1934。

24 〔唐〕灌顶纂：《国清百录》，CBETA 电子佛典集成，T46n1934。

25 〔唐〕灌顶纂：《国清百录》，CBETA 电子佛典集成，T46n1934。

26 〔宋〕士衡编：《天台九祖传》，CBETA 电子佛典集成，T51n2069。

27 〔唐〕灌顶纂：《国清百录》，CBETA 电子佛典集成，T46n1934。

二、唐太宗与玄奘及唯识宗

（一）唐太宗对佛教的态度

　　学术界关于唐太宗李世民宗教政策的论述并不少见，如早期汤用彤先生在《唐太宗与佛教》一文中提出的太宗抑佛说。[28]再如李瑾教授认为，唐太宗一面限佛，一面把佛教纳入封建纲常体系加以利用，使之成为封建统治的思想工具。[29]赵克尧教授则认为唐太宗对佛、道两教基本上是予以宣扬、并加以利用的。当然，随着形势的转变，有所侧重。贞观十年（636）以前是佛、道并重，十一年开始则抑佛崇道，晚年又转向关心佛事，反映了他在不同时期的思想变化与对宗教采取开放有节的政策。[30]郭绍林教授认为太宗伴随着对佛教的耳濡目染而成长，依据当时社会一般认识水平，他即便对佛教不推崇，顶多不过是说不清，处在不可全信不可不信之间而已，不可能举世皆醉唯我独醒，从意识形态的高度清醒地否定佛教。[31]纵观唐太宗李世民一生，其对佛教的态度并非是一成不变的。笔者认为除了太宗驾崩之前的最后一段时间，通过玄奘的影响而对佛教信而弥坚之外，太宗一生并没有实质性地崇佛或者抑佛，而是始终把持着一种利用佛教为治国所用的实用主义态度。

　　太宗在即位之初曾与著名的反佛大臣傅奕有过这样一段对话，"太宗尝临朝谓傅奕曰：'佛教玄妙，圣迹可师，且报应显然，屡有征验，卿独不悟其理何也？'奕对曰：'佛是胡中桀黠，欺诳夷狄，初止西域，渐流中国，遵尚其教，皆是邪僻小人，模写庄、老玄言，文饰妖幻之教耳，于百姓无补，于国家有害。'太宗颇然之"。[32]"颇然之"这三个字可以说是意味深长，这一句话虽然并不能表明太宗完全同意了傅奕的观点，但是太宗从一个特定的角度认可了傅奕的部分观点，即佛教有"模写庄、老玄言，文饰妖幻之教"之嫌，这种态度让太宗能够从整体的角度衡量佛教对于治国的利弊，太宗并没有从情感主义的视角去看待佛教，更多的是从一种治国方略的角度去认识佛教，如贞元二年（628），"太宗谓群臣，梁武好释老，以致国亡，足以鉴戒，孝元

28 汤用彤著：《隋唐佛教史稿》，中华书局，1982年版。

29 李瑾：《唐太宗与佛教》，载《云南民族学院学报》，1983年第1期。

30 赵克尧、许道勋著：《唐太宗传》，人民出版社，1984，第330页。

31 郭绍林：《唐太宗与佛教》，载《史学月刊》，1997年第2期。

32 〔后晋〕刘昫等撰：《旧唐书》卷七十九《傅奕传》，中华书局，1975，第2717页。

帝被敌所围，犹讲《老子》不辍……俄而城陷，君臣俱被囚系。此事亦足为鉴诫……神仙事本是虚妄，空有其名"。[33]一旦涉及到政治领域，太宗的立场还是非常坚定的，如贞观二十年（646），关于萧瑀想要出家然后又反悔一事，他提出："至于佛教，非意所遵，虽有国之常经，固弊俗之虚术。何则？求其道者，未验福于将来；修其教者，翻受辜于既往。至若梁武穷心于释氏，简文锐意于法门……子孙覆亡而不暇，社稷俄倾而为墟，报施之征，何其谬也。"[34]

正是因为这样一种理性认识，太宗也完全懂得在恰当的时候表示出对佛教的亲近，如早在他平定王世充之乱时曾借助于嵩山少林寺僧兵，事后就曾声明，"法师等并能深悟机变，早识妙因，克建嘉猷，同归福地，擒彼凶孽，廓兹净土"，还声称李唐王朝感受到了"彼岸之惠"。[35]他还曾因抬高道教而私下安慰佛教僧人，说"朕比以老子居左，师等不有怨乎？意曰：僧等此者，安心行道，何敢忘焉。帝曰：佛道大小，朕以久知。释李尊卑，通人自鉴。岂以一时在上，既为胜也。朕以宗承柱下，且将老子居先。植福归心，投诚自别。比来檀舍，金向是释门，凡所葺修，俱为佛寺。诸法师等，知朕意焉"。[36]不管这番言论是否是出于真心，至少可以看出太宗并没有强烈的反佛情绪，更多的是一种劝导、拉拢的态势。再如"昔隋季失御，天下分崩，四海涂炭，八埏鼎沸。朕属当戡乱，躬履兵锋，亟犯风霜，宿于马上，比加药饵犹未痊除，近日以来方就平复。岂非福善所感而致此休徵耶？京城及天下诸寺，宜各度五人，弘福寺宜度五十人"。[37]利用佛教进行建国之初的休养生息，不仅仅能恢复凋敝的物力，还能稳定人心，可谓一举两得。此外太宗身旁许多近臣都是虔诚的佛教徒，如萧瑀、褚良、虞世南、房玄龄等等，美国学者斯坦利·威斯坦因也提到过，"太宗在登基后的四年里所发布那些诏令，让人感觉他对佛教抱有好感，但我们也有充足的理由来怀疑他的护持佛教，仅仅是因

---

33 〔唐〕吴兢编著：《贞观政要》卷五《忠义》，上海古籍出版社，1978，第332页。

34 〔后晋〕刘昫等撰：《旧唐书》卷六十三《萧瑀传》，中华书局，1975，第2403页。

35 〔清〕董诰编：《全唐文》卷十《告柏谷坞少林寺上座书》，中华书局，1983，第115页。

36 〔唐〕释道世著，周叔迦、苏晋仁校注：《法苑珠林》卷一百《兴福部》，中华书局，2003，第2896-2897页。

37 〔唐〕慧立、彦悰著，孙毓棠、谢方点校：《大慈恩寺三藏法师传》，中华书局，1983，第153页。

为他刚刚上台，立足未稳，不想因此得罪众多信仰佛教的臣属"。[38]

（二）唐太宗与玄奘

玄奘（602—664），"姓陈氏，洛州偃师（今河南偃师市南）人。大业末出家，博涉经论，尝谓翻者多有讹谬，故就西域,广求异本以参验之。贞观初，随商人往游西域"。[39]玄奘西行在西域各国名声大噪，从印度回国时途径于阗，上表太宗报告行程，太宗当即回复："闻师访道殊域，今得归还，欢喜无量！可即速来，于朕相见！其国僧解梵语及经义者，亦任将来。"[40]玄奘最终抵达时，唐政府对玄奘给予了极高规格的接待，"贞观十九年春正月景子，京城留守左仆射梁国公房玄龄等……乃遣右武侯大将军侯莫陈实、雍州司马李叔眘、长安县令李乾祐等奉迎，自漕而入，舍于都亭驿，其从若云……二月己亥,见于仪鸾殿。帝迎慰甚厚。既而坐讫……帝曰：'师出家与俗殊隔，然能委命求法，惠利苍生。朕甚嘉焉'"。[41]不过值得注意的是，此时唐太宗如此礼敬玄奘法师，其本意绝非崇尚佛教，而仅仅是对玄奘法师个人的能力与经历的敬佩与尊重。原因有如下几点，首先，太宗极力劝玄奘还俗从政，他曾说："昔尧、舜、禹、汤之君，隆周、炎汉之主，莫不以为六合务广，万机事殷，两目不能遍鉴，一心难为独察，是以周凭十乱，舜托五臣，翼亮朝献，弼谐邦国。彼明王圣主犹仗群贤，况朕寡闻而不寄众哲者也？意欲法师脱须菩提之染服，挂维摩诘之素衣，升铉路以陈谟，坐槐庭而论道，于意如何？"[42]如此苦口婆心的劝说实在令人动容，这也在一定程度上证实了唐太宗求贤若渴的历史美誉，但从另一个方面来讲，也恰恰说明了太宗是对玄奘个人的推崇而非崇尚佛教。其次，玄奘请求组织译场，太宗对此并没有显示出什么热情。如玄奘首先请求

---

38 〔美〕斯坦利·威斯坦因著，张煜译：《唐代佛教》，上海古籍出版社，2010，第14页。

39 〔后晋〕刘昫等撰：《旧唐书》卷一百九十一《僧玄奘传》，中华书局，1975，第5108页。

40 〔清〕董诰编：《全唐文》卷七《答元奘还至于阗国进表诏》，中华书局，1983，第88页。

41 〔唐〕慧立、彦悰著，孙毓棠、谢方点校：《大慈恩寺三藏法师传》，中华书局，1983，第126页。

42 〔唐〕慧立、彦悰著，孙毓棠、谢方点校：《大慈恩寺三藏法师传》，中华书局，1983，第138页。

将译场设在嵩山少林寺，但太宗并未准许，而是敕定在天子脚下与皇室有关的弘福寺翻经。再如玄奘请求召集人才，太宗却说"法师唐梵具瞻，词理通敏，将恐徒扬仄陋，终亏圣典"[43]进行推脱。再次，出于军事及政治目的，太宗希望玄奘将更多的精力放在对西域情况的介绍与交流当中，如太宗提出"佛国遐远，灵迹法教，前史不能委详，师既亲睹。宜修一传，以示未闻"，[44]要求玄奘撰写《大唐西域传》。更为有趣的事，贞观二十一年（647），王玄策作为唐朝使节出使印度，太宗要求玄奘帮助翻译其写给戒日王的信件，甚至还要求其将《道德经》翻译乘梵文以便在印度流传。不过无论如何，可能是出于对玄奘个人的认同，在玄奘一再的请求之下，太宗还是给了其翻经事业基本的物质保障，"即居弘福寺，将事翻译，乃条疏所须证义、缀文、笔受、书手等数，以申留守司空梁国公房玄龄，玄龄遣所司具状发使定州启奏。令旨依所须供给，务使周备"。[45]唐太宗当时或多或少得也想利用玄奘法师，来归整佛教，一方面，支持法师尽力原汁原味地翻译整理佛经，以求从经义上廓清杂说、引导信徒；另一方面，树立玄奘法师这一高僧大德作为他礼敬佛教的标杆和象征，借此标榜自我期许，为聚拢人心、渗透君威、深入治化之用。[46]

当然玄奘法师不可能不察觉到太宗的心意，也深知译经大业如果没有皇室的支持将举步维艰。所以他应太宗所托，在译经的同时撰写了《大唐西域记》，系统地介绍西域诸国的人文地理情况。书成之后，连同其夜以继日翻译的五部佛经一同呈予太宗，请求太宗为所译经书作序。"今经论初译，为圣代新文，敢缘前义。亦望曲垂神翰，题制一序，赞扬宗极"。[47]不出所料，太宗对新译的经文并没有多大的兴趣，以"朕学浅心拙，在物犹迷，况佛教幽微，岂能仰测，请为经题，非己所闻"为辞拒绝了玄奘。不过对《大唐西域记》兴趣极大，表示"新撰西域记者，当日披览"。[48]玄奘当然不会错过这千载难逢的机会，一而

---

43 〔唐〕智升撰：《开元释教录》，CBETA 电子佛典集成，T55n2154。

44 〔唐〕慧立、彦悰著，孙毓棠、谢方点校：《大慈恩寺三藏法师传》，中华书局，1983，第 129 页。

45 〔唐〕慧立、彦悰著，孙毓棠、谢方点校：《大慈恩寺三藏法师传》，中华书局，1983，第 130 页。

46 刘后德：《唐太宗与佛教》，山东大学硕士毕业论文，2011，第 40 页。

47 〔清〕董诰编：《全唐文》卷九百六《进新译经论表》，中华书局，1983，第 9449 页。

48 〔清〕董诰编：《全唐文》卷八《答元奘法师进西域记书诏》，中华书局，1983，第 96 页。

再地上表恳求，极尽赞誉之词，"神力无方，非神思不足诠其理；圣教元远，非圣藻何以序其源……辰眷冲邈，不垂矜许；抚躬累息，相顾失图……鹫岭微言，假神笔而宏远；鸡园奥典，托英词而宣畅"。[49]太宗最终应允，于贞观二十二年（648）撰《大唐三藏圣教序》，称"有元奘法师者，法门之领袖也……总将三藏要文，凡六百五十七部，译布中夏，宣扬胜业，引慈云于西极，注法雨于东垂。圣教缺而复全，苍生罪而还福。"[50]这一"序"对于在太宗朝并没有受到什么特殊待遇的佛教可以说是意义重大。就在这段时间内发生的另外一件事刚好从侧面证明该"序"的来之不易，时值当朝重臣高士廉（长孙皇后的亲舅父）过世，高士廉的长子高履行（驸马、户部尚书，袭父爵）请求太宗为其父撰碑，太宗却回复说："汝前请朕为汝父作碑，今气力不如昔，愿作功德，为法师做序，不能作碑，汝知之。"[51]在玄奘与高履行的请求当中太宗选择了为玄奘做序而拒绝了为重臣高士廉作碑，由此可见该序的重要性。玄奘在谢表中也表达了由衷的感谢，"亲承梵响，踊跃欢喜，如闻受纪，无任忻荷之极"。[52]与此同时，玄奘还请当朝重臣、首屈一指的书法家褚遂良将《圣教序》书写碑文，在其藏经浮图——大雁塔建成的次年连同皇太子李治所作的《述圣记》一同嵌于大雁塔南门两侧。至此，玄奘"法门领袖"的地位完全确立，玄奘的唯识宗也顺理成章地成为了当时最炙手可热的佛教流派。并且玄奘个人对太宗的影响也越来越大，如贞观二十二年（648），玄奘对太宗说："帝少劳兵事，纂历之后又心存兆庶，及辽东征伐，栉沐风霜，旋旆己来，气息颇不如往昔，有忧生之虑……帝问因曰：'欲树功德，何最饶益？'法师对曰：'众生寝惑，非慧莫启。慧芽抽殖，法为其资。弘法由人，即度僧为最。'帝甚欢。"就因为此次对话，太宗随即下诏："京城及天下诸州寺宜各度五人，弘福寺宜度五十人，计海内寺三千七百一十六所，计度僧尼一万八千五百余人。"[53]

---

49 〔清〕董诰编：《全唐文》卷九百六《重请御制三藏圣教序表》，中华书局，1983，第 9451-9452 页。

50 〔清〕董诰编：《全唐文》卷十《大唐三藏圣教序》，中华书局，1983，第 120 页。

51 〔唐〕释道宣撰，立人整理：《广弘明集》卷二十二《重请三藏圣教序启》，团结出版社，1997，第 601 页。

52 〔清〕董诰编：《全唐文》卷九百六《谢御制三藏圣教序表》，中华书局，1983，第 9452 页。

53 〔唐〕慧立、彦悰著，孙毓棠、谢方点校：《大慈恩寺三藏法师传》，中华书局，1983，第 153 页。

（三）唐太宗与唯识宗

唯识宗是唐代的第一个佛教宗派，又称法相宗，其师承法系如下：无著——世亲——陈那——护法——戒贤——玄奘——窥基。无著和世亲是兄弟，两人是印度佛教大乘有宗的奠基人，其思想经由陈那、护法，最后由戒贤传给了玄奘。也就是说，在玄奘之前的所谓唯识宗的师承人物其实都是印度大乘有宗的代表人物。玄奘在中国所建立的唯识宗也被认为是最原汁原味地保留印度佛教思想的中国佛教宗派。唯识宗主要的思想体现在玄奘与其弟子窥基所作的《成唯识论》当中，主要包括阿赖耶识说、三性说和真唯识量等，其中阿赖耶识"种子"说是其最根本的教理教义，唯识宗也被认为是佛教宗派中理论性最强的宗派。

在唯识宗看来，世界上除了"识"之外没有任何别的东西，"变谓识体转似二分……或复内识，转似外境……诸识生时，变似我、法，此我、法相，虽在内识，而由分别，似外境观……如患、梦者，患、梦力故，心似种种外境相现，缘此执为实有外境"。世界上万事万物都是由"识""变"出来的"假相"，"识"又分为八识，其中前五识分别为眼识、耳识、鼻识、舌识、身识，也就是视觉、听觉、嗅觉、味觉和触觉，真正能"变"出"相"的识其实是后三识，"此能变唯三，谓异熟、思量，及了别境识。"其中第八识也叫"阿赖耶识"，又称藏识，是最根本的识，世间一切现象都是有阿赖耶识的种子所变现的，"由摄藏诸法，一切种子识，故名阿赖耶"。[54]只有第八识才是根本识，前七识都是第八识派生出来的"转识"。阿赖耶识"摄藏诸法，一切种子识"，所以通常被形象地称为"种子仓库"，这些"种子"又分为两种不同的类别，"一者本有，谓无始来，异熟识中，法尔而有生蕴、界、处功能差别"，这些"本有"种子从来就具有能够派生世界上一切各式各样的"种子"的能力，"二者始起，谓无始来，数数现行，熏习而有……此即名为习所成种。"[55]世界上万事万物就都是在这样一座"种子仓库"的"阿赖耶识"中建立起来的。"万法唯识"的主张也是佛教各派所广泛认同的，在当时可谓盛极一时，且又有统治者的优容支持，佛教组织和教义传播都发展很快，大有号令佛教各派、掩卷一统之势。[56]

---

54 〔唐〕玄奘译：《成唯识论》，CBETA 电子佛典集成，T31n1585。
55 〔唐〕玄奘译：《成唯识论》，CBETA 电子佛典集成，T31n1585。
56 刘后德：《唐太宗与佛教》，山东大学硕士毕业论文，2011，第 43 页。

此外还需要提及的就是唯识宗的五种性说，唯识宗继承了印度大乘有宗的思想，将芸芸众生划分为"五种性"，包括声闻乘种性、辟支佛乘种性、菩萨乘种性、不定乘种性和一阐提迦，其中一阐提迦是"没有佛性"的人，也就是说一阐提种性的人无论如何也都不能成佛，只能永远地在"生死苦海"中流转于沉沦。许多学者认为唯识宗的五种性说与中国传统"人人皆可为尧舜"的思想有着极大的冲突，这也是唯识宗"短命"的原因之一。

最后再来看看唐太宗与唯识宗佛教思想的关联，斯坦利·威斯坦因提到，唐太宗"直到他生命的最后一年，因为出征高丽的军事失败，损害到他的健康，唐太宗才真心地改变了他对佛教的态度。这主要还得归因于他对僧人翻译家玄奘的个人崇拜"。[57]唐太宗在其生命的最后一段时光里与玄奘法师走的非常近，并且在玄奘的指引下，太宗真正地投入到了对佛教义理的学习与研究当中。根据史料记载太宗几乎把生命最后所有的时间都用在了与玄奘法师讨论佛法当中。贞观二十二年（648）六月，太宗召见玄奘于玉华宫，在这次会见中太宗少见地问玄奘最近在翻译什么经，玄奘马上告知最近新译出了《瑜伽师地论》一百卷，并简要地介绍了该经的思想内容。这部《瑜伽师地论》正是无著与世亲的代表之作。此时的太宗对此很感兴趣，还特意派人到长安取来了译经，并且还敕令秘书省，把新译经论缮写九部，颁发给雍、洛等九州，直接以国家的力量传播唯识宗的教理教义。此时的太宗已经是"既情信日隆，平章法义，福田功德无辍于口，与法师无暂相离"。[58]贞观二十三年（649），太宗病重，在太子李治与玄奘的陪同下前往京城南部的翠微宫，此事的太宗虽然还偶尔关心着部分朝政，但其绝大部分的时间都在与玄奘法师探讨佛理，在一次谈话当中，太宗发出了生命中"朕共师相逢晚，不得广兴佛事"[59]的最终感慨。

唐太宗一生绝大多数时间里对佛教并没有什么特殊的喜好或者是厌恶，一直禀承着一种为治国所需、为政权所用的客观立场。发展到唐代的佛教已经深入到了社会生活的各个层面，如果贸然采取强烈的抑佛措施必

---

57 〔美〕斯坦利·威斯坦因著，张煜译：《唐代佛教》，上海古籍出版社，2010，第24页。

58 〔唐〕慧立、彦悰著，孙毓棠、谢方点校：《大慈恩寺三藏法师传》，中华书局，1983，第150页。

59 〔唐〕慧立、彦悰著，孙毓棠、谢方点校：《大慈恩寺三藏法师传》，中华书局，1983，第157页。

然会激起民众的不满情绪，与此同时太宗也深知佞佛的弊端，所以也在一定程度上严格限制着佛教的势力。玄奘法师作为中国佛教历史上最为著名的高僧大德之一，在贞观时期对太宗产生了巨大的影响。一方面，玄奘坚定地保持着自身信仰立场，即使在太宗苦口婆心的劝导之下也不为所动；另一方面，玄奘也深知佛教的发展与兴盛离不开国家政权的支持，所以他也充分利用自身的优势拉近与皇室的关系，在之后高宗时期也是如此，如他在听闻武则天难产时，立即上表表示"深怀忧惧，愿乞平安"。[60]正是在玄奘法师的努力之下，佛教在这一历史时期取得了相当的发展，而玄奘所开创的唯识宗也鼎盛一时。

三、武则天与华严宗

（一）武则天对佛教的态度

以往学术界关于武则天对于佛教的态度意见并不统一，许多学者都认为武则天是利用佛教而非信仰佛教，如牛志平教授认为她对各种宗教均采取积极支持和利用的态度，并无固定之宗教信仰。[61]王灵善教授也持类似观点，认为她是无神论者，佞佛但不信佛。[62]贺世哲教授也认为，武则天之所以如此狂热事佛，完全是利用佛教为其篡夺皇权和巩固皇权制造舆论。[63]但近年来也有一些学者指出，武则天确实是从内心信仰佛教，而非单纯地持利用态度。[64]笔者看来，武则天利用佛教为其政权提供理论依据是毫无疑问的，但是从她的家庭背景、社会时代以及一生的事迹来看，说她能跳出当时的时代框架而做到佞佛而不信佛，恐怕是站不住脚的。

武则天的母亲是隋朝名臣杨达之女、杨雄的侄女，与隋朝宗室信仰佛教的传统无异，武杨氏也是一名虔诚的佛教徒，《大周无上孝明高皇后碑铭并序》载杨氏于"咸亨元年八月二日，崩于九成宫之山第，春秋九十有二。"

---

60 〔唐〕慧立、彦悰著，孙毓棠、谢方点校：《大慈恩寺三藏法师传》，中华书局，1983，第197页。

61 牛志平：《武则天与佛教》，载《社会科学战线》，1990年第1期。

62 王灵善：《武则天心态研究》，载《山西大学学报》，1990年第3期。

63 贺世哲：《武则天与佛教》，载《西北师范大学学报》，1978年第2期。

64 崔正森：《武则天与佛教》，载《五台山研究》，2012年第3期。

65九岁丧父的武则天与母亲相依为命，并且母亲一生习佛修禅，享得如此高寿，她自然受佛教的影响颇深。此外贞观二十三年（649）太宗卒，武则天入感业寺为尼成为佛门弟子，虽然武则天究竟是否真正入寺学界有不同的见解，但想必这种安排对她也有非常深刻的影响。不管其内心到底是否真正地信仰佛教，至少在行为表现上她是非常支持佛教发展的。武则天曾多次捐资建寺，早在高宗时期即是如此，如《河洛上都龙门山之阳大卢舍那佛龛记》载："大唐高宗天皇大帝所建。佛身通光座高八十五尺，二菩萨七十尺，迦叶、阿难、金刚、神王各高五十尺。粤以咸亨三年壬申三岁四月一日，武氏助脂粉钱二万贯"，66时至其个人统治地位已完全稳固，这种佛教的土木工程更是一度大兴，垂拱四年（688），武则天毁乾元殿而修建明堂，"明堂成。高二百九十四尺，方三百尺，凡三层。"67而担任此次工程监工的薛怀义——武则天的情人，也是被安排为僧人身份，"以功，拜左威卫大将军，梁国公"。明堂修成之后，又命"僧怀义作夹贮大像，其小指中犹容数十人，于明堂北构天堂以贮之。堂始构，为风所催，更构之，日役万人，采木江岭，数年之间，所费以万亿计，府藏为之耗竭"。68有学者曾指出武则天此时期的大兴佛教土木很大程度上是因为薛怀义的个原因，但如果仅仅归因为武则天对怀义和尚的宠信上，未免太过于简单化。武则天利用佛教为自身政权寻找合理依据的意图还是非常明显的。

最为典型的就是武则天利用《大云经》和《宝雨经》为其登基寻找理论依据。"东魏国寺僧法明等撰《大云经》四卷，表上之，言太后即弥勒佛下生，当代唐为阎浮提主。制颁于天下。"69在这部《大云经》中非常明确提到了女性为王的记载，"天女，时王夫人即是汝身是，汝于彼佛暂得一闻大涅槃经，以是因缘今得天身，值我出世复闻深义，舍是天形即以女身当王国土，得转

65 〔清〕董诰编：《全唐文》卷二百三十九《大周无上孝明高皇后碑铭》，中华书局，1983，第2421页。

66 温玉成：《试论武则天与龙门石窟》，载《敦煌学辑刊》，1989年第1期。

67 〔宋〕司马光编著，〔元〕胡三省音注：《资治通鉴》卷二百四《唐纪·垂拱四年》，中华书局，第6454页。

68 〔宋〕司马光编著，〔元〕胡三省音注：《资治通鉴》卷二百五《唐纪·天册万岁元年》，中华书局，第6498页。

69 〔宋〕司马光编著，〔元〕胡三省音注：《资治通鉴》卷二百四《唐纪·天授元年》，中华书局，第6466页。

轮王所统领处四分之一……汝于尔时实是菩萨，为化众生现受女身，是时王者"。《宝雨经》也有类似言论，"她实是菩萨，故现女身，为自在主，经于多岁，正法教化，养育众生，犹如赤子"。因此武则天对这两部经书极为推崇，"制颁于天下，令两京诸州各置大云寺"。[70] 有了这两部经书的加持，武则天的登基之路可以说是减去了不少的阻力，她自己也提到："朕曩劫植因，叨承佛记。金仙降旨，大云之偈先彰，玉辰披祥，宝雨之文后及。加以积善余庆，俯集微躬，遂得地平天成，河清海宴。殊祥绝瑞，既日至而月书；贝牒灵文，亦时臻而岁洽。"[71] 不仅仅在登基为帝的舆论宣传上，之后武则天也是经常利用佛教为其统治增添合理性。如"加号金轮圣神皇帝……作七宝"，[72] 这里的七宝正是佛教《华严经》里记载的转轮圣王所拥有的法器。武则天把佛教中的法器拿到了朝堂之上，这其中可能既有信仰佛教的原因，同时也是为其政权增强说服力的一个手段。

此外她对佛教的经论整理也是非常的关心，如明佺在《大周刊定众经目录序》中记载："我大周天册金轮皇帝陛下，道著恒劫，位临上忍，乘本愿而下生，演大悲而广济。金轮腾转，化偃四州，宝马飞行，声覃八表……圣情以教为悟本。法是佛师，乃下明制，普令评择，存其本经，去其伪本。"[73] 从武则天种种崇尚佛教的行为可以看出当时的佛教是一片兴盛繁荣的景象，最为有趣的是此时还出现了道士转投佛教，武则天还亲自为之赐名的事件。《宋高僧传·玄嶷传》："释玄嶷……幼入玄门……天后心崇大法，杨阐释宗……遂恳求剃落，诏许度之，住佛授记寺，寻为寺都焉。"[74] 武则天晚年还举行过盛大的迎舍利活动，长安四年（704），法藏法师在洛阳内道场置华严法会，向武则天提到岐州法门寺的舍利塔，是保存阿育王舍利之所。武则天听闻便下令前往法门寺迎舍利。《大唐盛圣朝无忧王寺大圣真身宝塔碑铭并序》载：

---

70 〔后晋〕刘昫等撰：《旧唐书》卷六《则天皇后本纪》，中华书局，1975，第 121 页。

71 〔清〕董诰编：《全唐文》卷九十七《大周新译大方广佛华严经序》，中华书局，1983，第 1002 页。

72 〔宋〕欧阳修、宋祁撰：《新唐书》卷四《则天皇后本纪》，中华书局，1975，第 93 页。

73 〔唐〕明佺等撰：《大周刊定众经目录序》，CBETA 电子佛典集成，T55n2153。

74 〔宋〕赞宁撰，范祥雍点校：《宋高僧传》卷十七《唐洛京佛授记寺玄嶷传》，中华书局，1987，第 414 页。

"敕大周西□□□发法藏，鸾合□□□□□□公韦同往开之，□□作□七日行道，荷担于东都明堂而陈其供焉，万乘焚香，千官拜庆，云五色而张盖，近接城楼，日重光以建轮，远浮郊树。"[75]

（二）法藏与华严宗

华严宗的师承谱系如下：法顺——智俨——法藏——澄观——宗密，不过华严宗实际的创始人应当是法藏法师，法顺和智俨只能算作华严宗的理论先驱。法藏祖父名康俱子，祖母康氏，皆康居国人（今中亚撒马尔罕）。父名康德启，母系汉人，为尹氏。法藏虽系康居人，但已是第三代旅居洛阳，母尹氏又是汉人，所以法藏语兼梵汉。[76]正是这样的出身，也使得法藏在翻经事业上有着得天独厚的优势。法藏十五岁时前往法门寺礼佛，焚一指供养佛骨舍利，在太白山学习数年之后，法藏回到了长安并成为了著名的高僧大德——智俨的弟子。法藏的僧侣生涯一开始就与武则天有着密切的联系，咸亨元年（670），武则天的母亲荣国夫人杨氏去世，当时身为皇后的武则天为了广树福田决定舍宅为太原寺，二十八岁的法藏被推荐受沙弥戒，正式度为僧人并担任太原寺的住持。"至咸亨元年，荣国夫人奄归冥路，则天皇后广树福田度人，则择上达僧，舍宅乃成太原寺。于是受顾托者连状荐推。帝诺曰：俞仍隶新刹。"[77]

从史料来看，法藏法师与其他的高僧大德不同，他是比较热衷参与政治事务的。如神功元年（697），契丹举兵侵略，法藏上奏称："若令摧伏怨敌，请约左道诸法。"在得到武则天的准许之后法藏随即设坛作法，此次战役武周大败契丹，武则天也对法藏大加称赞，"蓟城之外，兵士闻天鼓之声；良乡县中，贼众睹观音之像，醴酒流甘于阵塞，仙驾引蠡于军前。此神兵之扫除，盖慈力之加被"。[78]再如神龙元年（705）张柬之政变，法藏也是积极参与其中。郭绍林教授对此评价到，"武则天以女性身份称帝，必须抛弃与封建秩序相表里的儒学，

75 李斌城：《论唐人对法门寺佛骨的崇敬》，载《首届国际法门寺历史文化学术研讨会论文集》，陕西教育出版社，1992年版。

76 温玉成：《华严宗三祖法藏身世的新资料》，载《法音》，1984年第2期。

77 〔新罗〕崔致远撰：《唐大荐福寺故寺主翻经大德法藏和尚传》，CBETA电子佛典集成，T50n2054。

78 〔新罗〕崔致远撰：《唐大荐福寺故寺主翻经大德法藏和尚传》，CBETA电子佛典集成，T50n2054。

转而乞灵于与儒学不同的外来宗教佛教，法藏适应了这一需要，得以重用；一方面由于法藏是胡人血统，祖父时才入华，受着本族文化和家庭的熏陶，又一直研读佛典，可以不拘泥儒家那一套伦理道德和政治说教"。[79]

华严宗最主要的理论思想为法界缘起说，"夫法界缘起，如帝网该罗，若天珠交涉，圆融自在，无尽难名"。[80]法藏认为"法界"是万事万物的"总相"，"达无生者，谓尘是心缘，心为尘因，因缘和合，幻相方生。由从缘生，必无自性，何以故？今尘不自缘，必待于心；心不自心，亦待于缘"。[81]他认为世间一切事物都是因缘际合而成的"幻相"，在这一过程中，"因"是主要因素，而"缘"是次要因素，也就是说"心"是第一性的，一切的一切都是由"心"根据不同的"缘"而派生出来的。按照法藏的划分，"法界"还分为"事法界"与"理法界"，"事法界"也就是客观存在的万事万物，即"色"；"理法界"才是万事万物的真实本体，即"空"。但是事物是由因缘和合而成的暂时的假"相"，所以"色非实色"；虽然"色非实色"，但"理法界"的"空"终究还是要通过万事万物的"假有"才体现自身的"真空"，所以"空非断空"。这样的一番解释就把事物的假色和本空毫无障碍地联系成为了一体，也就完成了"色空无碍"。法藏在给武则天讲解《华严经》时，主要表达的就是这样一个道理，"师子相虚，唯是真金，师子不有，金体不无，故名色空。又复空无自相，约色以明。不碍幻有，名为色空。"[82]因此，人们往往只能看到假有的东西而看不到假有背后所隐藏的实体，"若看师子，唯师子，无金，即师子显金隐。若看金，唯金，无师子，即金显师子隐。若两处看，俱隐俱显。隐则秘密，显则显著，名秘密隐显俱成门"。[83]如果能理解了这个道理，那么就"事无别事，全理为事……谓诸事法，与理非异，故事随理而圆遍，遂令一尘普遍法界；法界全体遍诸法时，此一微尘亦如理性，全在一切法"。[84]这种事理相融无碍的理论其实在一定程度上为武则天的政权提供了坚实的理论基础，这种理论在一定程度上完全可以解释成"存在的即是合理的"，并且其理论体系要远比《大云经》、《宝雨经》简单的断句释义更为哲学化。想必武则

---

79 郭绍林：《华严宗大师法藏洛阳事迹》，载《丝绸之路》，1993 年第 4 期。

80 〔唐〕法藏述：《华严经明法品内立三宝章》，CBETA 电子佛典集成，T45n1874。

81 〔唐〕法藏述：《华严经义海百门》，CBETA 电子佛典集成，T45n1875。

82 〔唐〕法藏著，方立天校释：《华严金师子章校释》，中华书局，1989，第 14 页。

83 〔唐〕法藏著，方立天校释：《华严金师子章校释》，中华书局，1989，第 50 页。

84 〔唐〕法藏述：《华严发菩提心章》，CBETA 电子佛典集成，T45n1878。

天对华严宗如此扶持在这方面也有着一定的缘由。正如法藏所说的，"如此华藏世界海中，无间若山若河乃至树林、尘、毛等处，一一无不皆是称真如法界，具无边德"。[85]

（三）武则天与华严宗

如上所说，华严宗的思想与当时的政治有着千丝万缕的联系，武则天本人也是非常重视《华严经》，早期她就曾亲自组织法会讲授《华严经》，"命僧等于宣武门建华严高座八会道场讲经，集僧尼数千人共设斋会"。[86]《华严经》全称《大方广佛华严经》，在印度的原本据说要有十万偈，《华严经》在东晋时由僧人驮跋陀罗首次翻译出六十卷，后来被称为《六十华严》，或《旧华严》、《晋经》。武则天听说西域于阗国存有梵文全本，非常向往，随即遣使求经。于阗国僧人实叉难陀携经前来。《宋高僧传·实叉难陀传》载："天后明扬佛日，崇重大乘，以华严旧经，处会未备，远闻于阗有斯梵本，发使求访，并请译人……天后亲临法座，焕发序文，自运仙毫，首题名品。"[87]武则天当时亲自参加到了译经活动当中，可见其对《华严经》的重视。新经译成，佛授记寺的僧人请求法藏讲解经文，武则天随即下令命法藏于佛授记寺说法。值得一提的是，在这次法藏的讲经过程中突然发生了地震，当时听经的一众人等惊诧不已，佛授记寺的僧人将此次地震作为祥瑞上报武则天。如果按照传统的天人灾异说，这次地震就可能被认为是不祥之兆，但是因为地震刚好发生在法藏讲经时，反倒是被看作吉兆瑞应化险为夷，"帝于圣历二年己亥十月八日，诏藏于佛授记寺讲大经，至华藏世界品，讲堂及寺中地皆震动，都维那僧恒景具表闻奏。敕云：昨请敷演微言，阐扬秘绩。初译之日，梦甘露以呈祥；开讲之辰，感地动而标异。斯乃如来降迹，用符九会之文；岂朕庸虚，敢当六种之震。"[88]当时武则天还专门召法藏到长生殿为其讲经，但因为《华严经》教理教义晦涩难懂，她无法通晓，法藏现场发挥，以宫殿前的金狮子为例撰写《金师子章》为武则天进行通俗易懂的讲解使其豁然开朗。《宋高僧

---

85 〔唐〕法藏述：《修华严奥旨妄尽还源观》，CBETA 电子佛典集成，T45n1876。

86 〔唐〕法藏集：《华严经传记》，CBETA 电子佛典集成，T51n2073。

87 〔宋〕赞宁撰，范祥雍点校：《宋高僧传》卷二《唐洛京大徧空寺实叉难陀传》，中华书局，1987，第 31 页。

88 〔宋〕赞宁撰，范祥雍点校：《宋高僧传》卷五《周洛京佛授记寺法藏传》，中华书局，1987，第 90 页。

传·法藏传》载："藏为则天讲新华严经，至天帝纲义十重玄门、海印三昧门、六相合和义门、普眼境界门，此诸义章皆是华严别义纲，帝于此茫然未决。藏乃指镇殿金师子为喻，因撰义门，径捷易解，号金师子章，列十门总别之相，帝遂开悟其旨。"[89]

武则天曾非常详细地记录自己听讲《华严经》的感受，"暂因务隙，听讲华严，观辩智之纵广，睹龙象之蹴踏。既资熏习，顿解深疑，故述所怀，爰题短制。法席开广方，缁徒满胜筵。圣众随云集，天华照日鲜。座分千叶华，香引六铢烟。钟声闻有顶，梵响韵无边。一音宣妙义，七处重弘宣。唯心明八会，涤虑体三禅，既悟无生灭，常欣佛现前"。[90]这段文字中不仅描绘了她听经时的庄重，也在一定程度上暗示了她内心对佛教教理教义的一些思考，表达了《华严经》对她的启发，使其"顿解深疑，故述所怀"。虽然从总体上说，唐一朝的历代帝王大多对佛教采取扶持、利用的宗教政策，但像武则天这样真正从理论上深入地对佛理进行思索的并不多见，她也不止一次地表达过其在学习佛理中得到的益处，如在《大周新译大方广佛华严经序》中提到，"一窥宝偈，庆溢心灵；三复幽宗，喜盈身意。虽则无说无示，理符不二之门；然因言显言，方闻大千之意"。[91]讲通过学习佛教，学习《华严经》能够令自己"庆溢心灵"、"喜盈身意"，对于一个帝王而言确实是非常高的评价。正因为武则天自己本人表示能够从佛教教理教义中受益颇多，所以她经多次表示要以佛弟子的身份弘扬佛教，《方广大庄严经序》："朕以虚昧，钦承愿托。常愿绍隆三宝……击大法鼓，响振音无间；吹大法螺，声通于有顶。为暗室之明炬，实昏衢之慧月，菩萨了义，其在兹乎!"[92]君主以佛弟子的身份，倾举国之力弘扬佛教，这样的帝王在中国的整个历史长河中也是屈指可数的吧。

武则天对佛教进行扶持而借此巩固政权是毋庸置疑的，除此之外，作为一个唐朝女性，其生活背景使其成为了一名虔诚的佛教徒也是完全合理的。

89 〔宋〕赞宁撰，范祥雍点校：《宋高僧传》卷五《周洛京佛授记寺法藏传》，中华书局，1987，第89页。

90 陈尚君辑校：《全唐诗补编》中华书局，1992，第746页。

91 〔清〕董诰编：《全唐文》卷九十七《大周新译大方广佛华严经序》，中华书局，1983，第1002页。

92 〔清〕董诰编：《全唐文》卷九十七《方广大庄严经序》，中华书局，1983，第1001页。

作为中国古代历任帝王中有作为的君主之一，女主武则天正是顺应佛教在唐代社会中的发展态势，推波助澜地采取一系列措施来推动佛教的发展，并且把政治与佛教紧密地联系起来，使二者形成一种"互动"的关系。[93]她在信仰佛教的同时，并不排斥将佛教中世俗化的因素与自身的政权紧密地结合起来，从而形成一种"互利共赢"的局面。

四、禅宗"定祖之争"背后的政治博弈

（一）禅宗的背景及主要思想

唐代八宗之中的禅宗相对而言是形成较晚的宗派，但"禅"并不是禅宗独有的概念，作为佛教三学"戒定慧"之一的禅定之学在佛教当中一直都占有重要的位置。不同的学者对"禅"的解释也不尽相同，其中刘长久教授的定义较为全面，他认为禅即指修习者的精神集中于一种特定的观察对象，以佛教义理的正确思维，尽力排除外界各种欲望对内心的诱惑和干扰，以便达到弃恶从善，使本体心性获得绝对自由的目的。[94]在禅宗兴盛之前就存在着多种不同的禅法，如数息法、不净观、慈悲观、因缘观等等。[95]但是禅宗的出现及至兴盛，则是将以往佛教的基础理论即大乘佛性论、般若中观思想与中国本土的玄学思辨模式融合为一体，从而完成了"佛教中国化"到"中国化佛教"之间质的飞跃。中国禅宗从初创成立到在较大范围内传播大致可以分为三个时期，即酝酿初创期、南北宗并立期和南宗独盛期。酝酿初创期即指自初祖达摩菩提，下传惠可、僧璨、道信，直至弘忍的时期。南北宗并立期又可分为两个阶段，第一阶段即是慧能在受法之后南归曹溪传法，神秀一脉在以两京为中心的北方地区传法；第二阶段即神会北上与北宗争夺禅门正统，真正形成南北宗并立局面。南宗独盛期即"安史之乱"以后，南宗通过朝廷钦定正式成为禅门正统以后的时期。在南北宗并立期与南宗独盛期这两个阶段，除了南北宗之间在思想领域的大碰撞之外，国家政治力量也始终以一种"后台权力"的模式跟随其始终，并对南宗最终的兴盛起到了至关重要的作用。

---

93 李海峰：《论佛教在武后时期勃兴的原因》，北京语言文化大学硕士论文，2001，第
　　12 页。
94 刘长久著：《中国禅宗》，广西师范大学出版社，2006，第 4 页。
95 杨曾文著：《唐五代禅宗史》，中国社会科学出版社，1999，第 26-33 页。

　　如果依照传统说法，也就是《楞伽师资记》的记载而论，菩提达摩就是禅宗的初祖。根据《续高僧传》的记载，禅宗的初祖达摩菩提大概生活在南北朝时期，虽然被推为禅宗的初祖，但是史料中关于达摩菩提思想的具体记载并不多见，只是说明了他是一位非常重视修禅的高僧，经常终日面壁而坐。禅宗真正的理论雏形是在五祖弘忍时期形成的，弘忍也非常重视坐禅，并且主张言传身教，不热心文字著述。据载弘忍认为人人都存有清静的本性，只要能够坚定的"守心"修行，就能够断除一切的妄念，最终达到觉悟与解脱。《修心要论》载："夫修道之体，自识当身本来清净，不生不灭，无有分别，自性圆满清净之心。此见本师，乃胜念十方诸佛。"[96]可见弘忍认为"守心"即是禅修，但不仅仅限制于禅定，生活中的吃穿住行皆可以"守心"，不局限于特定的方式。但在弘忍眼中，"守心"是个渐近的过程，无论是采取特定形成还是寓于生活当中，都需要持久地坚定，最终才能使清净之心显现出来。

　　禅宗出现南北宗差异，是从神秀与慧能应征法嗣而作的偈语开始显现的。据载弘忍晚年为了选择法嗣而让众弟子作偈语阐述自己的悟道心得，神秀的偈语为"身是菩提树，心是明镜台，时时勤拂拭，勿使有尘埃"。[97]慧能听到别人传诵神秀的偈语之后却并不赞同，针对神秀的偈语，他也作偈语以作回应，"菩提本无树，明镜亦非台。本来无一物，何处惹尘埃"。[98]神秀与慧能不同的偈语其实也就是南北宗之间观念的区别——"渐""顿"之分。如上所述，神秀主张"勤拂拭"，其实与弘忍的"守心"是相符的，《唐玉泉寺大通禅师碑铭》载："尔其开法大略，则慧念以息想，极力以摄心。其入也，品均凡圣；其到也，行无前后。趣定之前，万缘尽闭；发慧之后，一切皆如。特奉楞伽，近为心要"。[99]神秀所主张的"慧念以息想，极力以摄心"就是所谓的"渐悟"，从这个角度来说，神秀对弘忍思想的传承是比较原汁原味的，而慧能则是禅宗的改革者、革新者。在《坛经》中，慧能开宗明义地强调了"顿悟"，"善知识，菩提自性，本来清净。但用此心，直了成佛"。[100]当然，慧能也接受了弘忍的"守心"思想，"其法无二，其心亦然，其道清净，亦无诸相。汝等慎勿观静，及空其心。

96 转引自杨曾文著《唐五代禅宗史》，中国社会科学出版社，1999，第85页。

97 魏道儒译注：《坛经译注》，中华书局，2010，第15页。

98 魏道儒译注：《坛经译注》，中华书局，2010，第22页。

99 〔清〕董诰编：《全唐文》卷二百三十一《唐玉泉寺大通禅师碑铭》，中华书局，1983，第2335页。

100 魏道儒译注：《坛经译注》，中华书局，2010，第4页。

此心本净，无可取舍"。[101]同样是强调"心"的清净，与弘忍不同的是，慧能更多的不是强调"守心"，而是"空心"。并且他还把开悟的时间缩短到了"一念"之间。"一灯能除千年暗，一智能灭万年愚。"[102]慧能主要是从"心"的归属来理解禅修，而不局限于客观的形式主义，应当说这种观念对于吸收更多的佛教信徒有着不容忽视的作用，这也正是所谓的"佛性常清静，何处与尘埃"。正是这样一种"渐"、"顿"的差异，造成了南北宗之间思想观念上的对峙。"南宗"是指慧能与其徒众相传的禅系，因为他们传授禅法思想主要在南方地区，所以称之为"南宗"。而与之对立强调渐修的北宗禅法，即神秀、普寂禅系的"北宗"。[103]历史不容更改，时至唐朝后期，南宗最终成为了禅宗的正统而得以延续兴盛，北宗则逐渐衰落。值得注意的是，在以往的研究当中，对南北宗之争以及最终结果的分析多是从两者思想的差异出发，在笔者看来，思想差异对"定祖之争"的结果固然非常重要，但绝非导致南宗独盛的唯一因素。在众多因素当中，国家政治权力的导向也有着非同一般的意义。不仅如此，国家政治权力在南北宗之间的倾向并不是始终如一的，其经历了一个由北宗转向南宗的历史转折，而这种转折恰恰与南北宗各自兴盛的时间段也完全吻合，由此可见政治因素对"定祖之争"的影响之巨。

（二）北宗的兴盛与南宗的蛰伏

神秀，俗姓李，陈留尉氏县人。根据记载，在弘忍的众多弟子当中，弘忍对神秀的评价非常之高，如《宋高僧传·神秀传》中载弘忍曾言"吾度人多矣，至于悬解圆照，无先汝者"。[104]作为弘忍声望极高的弟子，武则天于久视元年（700）曾派使者迎请神秀入东都洛阳，时任尚方监承、左奉宸内供奉的宋之问为了迎接神秀而作《为洛下诸僧请法事迎秀禅师表》，对神秀大加赞美，"契无生至理，传东山妙法，开室岩居，年过九十，形彩日茂，弘益愈深"。[105]神秀被迎进洛阳之后，更是得到了极高的礼遇，《唐玉泉寺大通禅师碑铭》

---

101 魏道儒译注：《坛经译注》，中华书局，2010，第 177 页。

102 魏道儒译注：《坛经译注》，中华书局，2010，第 102 页。

103 潘桂明著：《中国佛教思想史稿》，江苏人民出版社，2009，第 589 页。

104 〔宋〕赞宁撰，范祥雍点校：《宋高僧传》卷八《唐荆州当阳山度门寺神秀传》，中华书局，1987，第 177 页。

105 〔清〕董诰编：《全唐文》卷二百四十《为洛下诸僧请法事迎秀禅师表》，中华书局，1983，第 2432 页。

载："趺坐觐君，肩舆上殿，屈万乘而稽首，洒九重而宴居。传圣道者不北面，有盛德者无臣礼，遂推为两京法主，三帝国师，仰佛日之再中，庆优昙之一现。混处都邑，婉其秘旨。每帝王分坐，后妃临席，鹓鹭四匝，龙象三绕"。[106]神秀不仅可以乘轿舆上殿，甚至得到帝王的稽首，可见他的德高望重。皈依于神秀一脉的达官显贵更是不可计数，《宋高僧传·神秀传》载："时王公以下，京邑士庶竞至礼谒，望尘拜伏，日有万计"，[107]如曾任中书令与黄门侍郎的张说、曾任户部员外郎和括州、淄州、滑州三州刺史的李邕、先后任尚书左丞和洛州刺史的严挺之等等都是神秀一脉的忠实信徒。这种情况一直持续到神秀去世之后，让他的弟子普寂来接替神秀的领导地位也同样是由中宗所钦定的，"其弟子僧普寂，夙参梵侣，早簉法筵，得彼髻珠，获兹心宝。但释迦流通之分，终寄于阿难；禅师开示之门，爰资于普寂。宜令统领徒众，宣扬教迹，俾夫聋俗，咸悟法音"。[108]可见在神秀时期，北宗绝对是占据着禅宗的主导地位，而这种主导地位的形成并不在于北宗思想上的"优秀"，而是作为北宗代表的神秀与国家政权保持着一种极为亲密的关系，这种关系直接影响北宗一派在禅宗，甚至佛教界的主导地位。不过史书中也明确的指出，神秀一脉虽然在当时盛极一时，却多少有点"不接地气"，"神秀，禅门之杰，虽有禅行，得帝王重之，而未尝聚徒开堂传法"。[109]不过时至宋代北宗已然衰微，南宗成为名副其实的禅宗正统，所以说北宗完全依靠政治力量的支持而兴盛也未必尽然。

相比神秀的风光，当时的慧能要暗淡许多。慧能在跟随弘忍求法之前是岭南一带的山野樵夫，并且不识字，初遇弘忍之时并没有被正眼看待，"祖言：'汝是岭南人，又是獦獠，若为堪作佛。'惠能曰：'人即有南北，佛性本无南北，獦獠身与和尚不同，佛性有何差别'"。[110]可见慧能虽然目不识丁，但

---

106 〔清〕董诰编：《全唐文》卷二百三十一《唐玉泉寺大通禅师碑铭》，中华书局，1983，第 2335 页。

107 〔宋〕赞宁撰，范祥雍点校：《宋高僧传》卷八《唐荆州当阳山度门寺神秀传》，中华书局，1987，第 177 页。

108 〔清〕董诰编：《全唐文》卷二百六十二《大照禅师塔铭》，中华书局，1983，第 2659 页。

109 〔后晋〕刘昫等撰：《旧唐书》卷一百九十一《僧神秀传》，中华书局，1975，第 5111 页。

110 魏道儒译注：《坛经译注》，中华书局，2010，第 9 页。

却是一个非常聪明的人，这也使得弘忍在之后对其另眼相看。这种智慧在后来的偈语之争中被更加全面的体现出来，根据种种资料记载，在偈语事件之后，弘忍秘密地把作为法嗣的信物——袈裟传给了慧能，而慧能则是连夜地离开了东山寺而去往南方。这段故事被后来慧能的弟子神会极力阐述，充分利用袈裟之说作为"定祖之争"中的有力证据，并在后世的传播中或多或少增添了些传奇色彩。有学者曾指出，弘忍认为慧能根器非凡，对他在南方传播禅法寄予希望，故在授法时把自己的袈裟相赠是有可能的，但所传袈裟却未必就是"达摩袈裟"。这种说法具有一定的依据，如当时弘忍的其他弟子，尤其是神秀，并没有否定传法衣之说，当时唐中宗诏惠安、神秀入内道场供养，并且向二人询问禅法，但二人推让，《召曹溪僧惠能入京御札》载："云南方有能禅师，密受忍大师衣法，可就彼问。"[111]正因如此，神龙元年（705）中宗遣中使薛简到曹溪迎请慧能入京，慧能因病推辞但却也就皇帝的问题进行了回答。此外，神龙三年（707）中宗还特意派使者到曹溪赐给慧能磨纳袈裟一领，绢五百匹，在这一系列事件当中，完全没有提及过"袈裟定祖"之事。

虽然神秀当时在佛教界的地位不可撼动，而慧能的声望并不大，但其与慧能的关系却并不像民间传说的那样恶劣。神秀在受到武则天礼遇之时就曾举荐过慧能，"初，秀同学能禅师与之德行相垺，互得发扬无私于道也。尝奏天后请追能赴都，能恳而固辞。秀又自作尺牍，序帝意征之，终不能起"。[112]李谷乔博士也就此也曾论述过，如果神秀真的嫉贤妒能，又怎么可能向皇帝推荐一个才学超过自己的人进京面圣呢？[113]在笔者看来，神秀与慧能在当时的私人关系未必不好，不过两人的佛学观点不同是可以肯定的。就当时而言，慧能所走的是"群众路线"，就官方地位而言，他与神秀绝不在同一水平线之上，所以神秀完全没有必要对之心存忌惮，相反，神秀还极有可能是想要借助自己的威望而帮助同门来发扬禅宗。并且根据《嵩山会善寺故大德道安禅师碑铭》所载，神秀最初能够进京面圣，也是弘忍门下众人谦让的结果，"征

---

111 〔清〕董诰编：《全唐文》卷十七《召曹溪惠能入京御札》，中华书局，1983，第210页。

112 〔宋〕赞宁撰，范祥雍点校：《宋高僧传》卷八《唐荆州当阳山度门寺神秀传》，中华书局，1987，第177页。

113 李谷乔：《唐禅宗"定祖之争"管窥》，载《古籍整理研究学刊》，2013年第3期。

请之八师受禅要，禅师顺退避位，推美于玉泉大通也"。[114]可见即使弘忍圆寂，其同门之间的相处还是比较融洽的。

（三）南北宗"定祖之争"的最终结果

根据李文生研究员的统计，记载唐禅宗师承谱系的十五条史料当中，称弘忍为六祖者仅一条，称法如为六祖者有五条，称神秀为六祖者有三条，称慧能为六祖者有六条。[115]法如、神秀、慧能三人都是弘忍的得意门生，如果就当时的民间声望而言，应当说法如的呼声是最强的。《唐中岳沙门释法如禅师行状》载："垂拱二年，四海标领僧众，集少林精舍，请开禅法。金曰：'始自后魏，爰降于唐，帝代有五，年将二百，而命世之德，时时间出，咸以无上大宝，贻诸后昆。今若再振玄纲，使朝闻者光复正化！'师闻请已，辞对之曰：'言寂则意不亡，以智则虑为灭，若顺之贤之命，用隆先圣之道，如何敢矣！'犹是谦退三让，久乃许焉。"[116]从材料中可以看出，当时僧众们大多推选法如作为禅门的传承者，法如虽然勉强接受，但是并没有对此表现出很大的兴趣。其弟子在后来的定祖之争中也极少发声，所以在神秀、慧能等在世时期法如虽然是作为了禅宗的代表，但后来真正的定祖之争中并没有过多的涉及。

真正的定祖之争其实就是南北宗之间的竞争，但就时间来说应该是在普寂与神会时才开始的。冉云华先生曾提到，"在盛唐时期，虽然对谁是禅宗六祖的问题，有过激烈的争论，而其实第七祖的荣号才是争论的真正和主要动机"，[117]两者自然都拥护自己的老师为禅宗正统。普寂于开元二十七年（739）称"诲门人曰：'吾受托先师，传兹密印，远自达摩菩萨导于可，可进于璨，璨钟于信，信传于忍，忍授于大通，大通贻于吾，今七叶矣'"。[118]针对这种

---

114 〔清〕董诰编：《全唐文》卷三百九十六《嵩山会善寺故大德道安禅师碑铭》，中华书局，1983，第4040页。

115 李文生：《论中国佛教禅宗定祖之争》，载《敦煌研究》，2008年第3期。

116 李谷乔：《唐禅宗"定祖之争"管窥》，载《古籍整理研究学刊》，2013年第3期。

117 冉云华《禅宗第七祖之争的文献研究》，载《中国文化研究所学报》（第6期），转引自张培锋《杜甫"身许双峰寺，门求七祖禅"新考——兼论唐代禅宗七祖之争》，载《文学遗产》，2006第2期。

118 〔清〕董诰编：《全唐文》卷二百六十二《大照禅师塔铭》，中华书局，1983，第2659页。

说法神会也不甘示弱，他邀请王维为慧能撰写碑铭，其中记载了弘忍传法的故事，《六祖能禅师碑铭》载："（弘忍）临终，遂密授以祖师袈裟，而谓之曰：'物忌独赏，人恶出己。吾且死矣，汝其行乎！'禅师遂怀宝迷邦，销声异域。"[119]同与皇室联系紧密的神秀一脉不同，慧能一脉或许在南方民间传播范围极广，但与贵族官僚乃至皇室的联系却并不多，但这一情况在神会时期出现了转变。在慧能圆寂之后，神会为了扩大南宗的影响而北上传法，在这一时期神会结交了大批的贵族官僚，[120]在这些官僚贵族当中，有着非常重要的一位——王维。之所以提到王维，不仅仅是因为其在文学史上的重要地位以及在其作品中所处可见的禅宗的影子。最为重要的是王维受神会之托所作的《六祖能禅师碑铭》，该碑铭第一次地详细介绍了五祖传法衣的具体细节，并为整个事件蒙上了一层传奇的色彩。该碑铭中所记载的"物忌独赏，人恶出己"之类的句子，明显是暗指北宗僧众对慧能的压制，但如上文所述，事实却未必那样。也就是说，后世广为传颂的慧能被神秀追杀的民间故事，是非常值得怀疑的。

无论如何，在神会做好了一系列的舆论准备之后，其于开元二十二年（734）在滑台大云寺无遮大会上，神会正式地向北宗发起了一系列的挑战。他公然指责神秀一脉的法统是假的，甚至指责神秀与普寂的"渐悟"之"禅"都是假的。这次"开战"给北宗造成了巨大的打击，虽然没有从根本上动摇北宗的根基，但是自此开始，南北宗之间的"定祖之争"真正地拉开了帷幕。胡适对此曾评价道，无遮大会"是北宗消灭的先声，也是中国佛教史上的一大革命"。[121]不过在这段时期内神会的斗争之路也并不是一帆风顺，神会本人也是为此付出了极大的代价。《圆觉经大疏钞·神会传》载其："直入东都，面抗北祖，诘普寂也。龙鳞虎尾，殉命忘躯。侠客沙滩，五台之事，县官白马；卫南卢、郑二令文事，三度几死。商旅缙服，曾易服执秤负归"。[122]此外，《宋高僧传·神会传》载："天宝中，御史卢弈阿比于寂，诬奏会聚徒疑萌不利。玄宗召赴京，时驾幸

---

119 〔清〕董诰编：《全唐文》卷三百二十七《六祖能禅师碑铭》，中华书局，1983，第 3313 页。

120 其中著名的有户部尚书王琚、吏部侍郎苏晋等，具体人物介绍参见杨曾文著《唐五代禅宗史》，中国社会科学出版社，1999 年版，第 162—167 页。

121 胡适编：《神会和尚遗集》（卷首），胡适纪念馆，1970，第 90 页。

122 〔唐〕宗密撰：《禅源诸诠集都序》，中州古籍出版社，2008，第 164 页。

昭应汤池,得对言理允惬。敕移往均部，二年，敕徙荆州开元寺般若院住焉。"[123]
神会不仅仅一度面临生死难关，还被拥护北宗的御史中丞卢弈诬告聚众作乱，
甚至惊动了玄宗亲自审问，不得不说是九死一生。

　　虽然历经苦难，但转机也正是在此时突然出现。为了平定安史之乱，唐
政府采取了卖官售爵等一系列措施，这其中就包括出售度牒。《新唐书·食货
志》载："以天下用度不充，诸道得召人纳钱，给空名告身，授官勋邑好；度
道士、僧尼不可胜计；纳钱百千，赐明经出身；商贾助军者，给复。"[124]神会
因其在民间极高的名望，此时被请出来主持售卖度牒。神会并没有因为之前
的遭遇而拒绝，而是抓住了这不多得的机会与朝廷合作。"副元帅郭子仪率兵
平殄，然于飞挽索然，用右仆射裴冕计，大府各置戒坛度僧。僧税缗谓之香
水钱，聚是以军须。初洛阳先陷，会越在草莽，时卢弈为贼所戮，群议乃请
会主其坛度。于时寺宇宫观，鞠为灰烬，乃权创一院，悉资苫盖，而中筑方
坛，所获财帛顿支军费。代宗、郭子仪收复两京，会之济用颇有力焉。"[125]《佛
祖统纪》与《佛祖历代通载》中也详细记录了此次事件，神会在条件极其恶
劣的情况下为唐政府募得了大量的军费，也正因此而受到了朝廷极高的褒奖。
安史之乱还未完全结束，肃宗就将神会"诏入内供养。敕将作大匠并功齐力，
为造禅宇于菏泽寺中是也"。[126]也正因为此，"故德宗皇帝，贞元十二年（796），
敕皇太子，集诸禅师，楷定禅门宗旨，搜求传法傍正。遂有敕下，立菏泽大
师为第七祖。内神龙寺，见在铭记。又御制七代祖师赞文，见行于世"。[127]至
此，南宗在官方层面正式地取得了禅宗的正统地位，慧能和神会也顺理成章
地成为了官方认可的禅宗六祖、七祖。

　　当然，南宗最后的胜利除了政治因素之外还有诸多因素，如禅宗的思想
具有极强的平民性、劳动性等特征。苟世祥教授就曾从新闻传播学的角度分

123　〔宋〕赞宁撰，范祥雍点校：《宋高僧传》卷八《唐洛京菏泽寺神会传》，中华书
　　　局，1987，第180页。

124　〔宋〕欧阳修、宋祁撰：《新唐书》卷五十一《食货志》，中华书局，1975，第1347
　　　页。

125　〔宋〕赞宁撰，范祥雍点校：《宋高僧传》卷八《唐洛京菏泽寺神会传》，中华书
　　　局，1987，第180页。

126　〔宋〕赞宁撰，范祥雍点校：《宋高僧传》卷八《唐洛京菏泽寺神会传》，中华书
　　　局，1987，第180页。

127　张春波释译：《禅门师资承袭图》，佛光文化出版社，1996，第44页。

析南宗最后能成为禅宗正统的原因，"唐朝时南宗能在全国迅速传播，其中一个很重要的原因就是六祖革命扩大了禅宗与中国社会文化之间的共通意义空间，使禅宗不断的中国化，最后融入的中国社会文化"。[128]苟教授在文章中还特别强调了六祖对禅宗传播符号的变革，包括不依经书、不立文字简化了禅宗传播的语言符号；对坐禅的变革进一步简化了禅宗传播的符号；对持戒的变革使传播符号更简易；不执着于出家修行的方式使禅宗的传播更适合中国国情等等。南北宗之间的定祖之争是一个巨大的问题，所以仅仅从一个侧面对其进行分析绝对的不足以说明全部，而以往的研究多从思想差异的角度进行梳理与阐述。如杨曾文教授所言，经过各个佛教宗派之间的相互比较和会通融合，进入宋代以后，原来的宗派之中，有的早已失去传承，有的已经衰微，也有的寓于其它宗派，唯有禅宗兴盛。禅宗的玄学化的禅法思想和传法模式、教团的组织形式和清规、对其它宗派理论特别是易于为普通民众接受的净土念佛信仰的融摄、对儒道二教思想的认同和吸收、对士大夫阶层价值观念的适应和对他们的亲近等等，都从整体上对中国汉语系佛教产生了极为深远的影响。[129]

在本文当中笔者对唐代佛教诸宗主要选取了政治影响的角度进行分析，当然这种论述也仅仅是从佛教发展历程当中的一个侧面。佛教的发展虽然取决于诸多因素，但在中国古代君权至上的中央集权封建社会，国家的最高统治者——皇帝对于佛教的支持与否无疑起着至关重要的作用。佛教作为一种宗教存在，也无法摆脱宗教哲学与宗教社会学的二律背反。作为宗教哲学在一定程度上可以超凡脱俗，但作为宗教组织，其存在与发展必然要受制于社会各方力量的博弈与权衡，而绝不可能成为乌托邦式的理想净土。早在千年前的高僧大德绝对不会认识不到这些事实，所以佛教僧人对当朝政权的亲近也绝不是什么谄媚之相，相反中国佛教恰恰是在这种与当朝政权相互尊重、相互支持的关系中成长、兴盛起来的。

---

128 苟世祥、胡东力：《六祖革命中的传播之道》，载《重庆行政》（公共论坛），2010年第3期。

129 杨曾文著：《唐五代禅宗史》，中国社会科学出版社，1999，第1页。